心有思慕

余英時教授紀念集

林載爵——主編

目次

悼念余英時兄　唐端正　009

有緣有幸同半世——追念一代史學大家余英時大兄　金耀基　013

在北京包餃子的期望——憶英時表哥二、三事　張先玲　027

時間凝固的一刻——驚聞余英時兄仙逝　陳方正　039

相遇於命運的樞紐——談余英時、新亞書院與中文大學　陳方正　043

緬懷余英時兼論他的兩個世界　陳方正　051
悼念余英時先生　李歐梵　069
同事五年　友誼長存
——悼念英時　孫康宜　075
我與指導教授余英時相處的個人回憶　田浩　083
余思余念
——悼余先生英時　江青　095
敬悼余英時先生　周質平　107
我們都是文化遺民　鄭培凱　115
當余英時說「我在哪裡，哪裡就是中國」　蘇曉康　123

余英時先生在哈佛學習的獨到之處　張　鳳　129
學術史和思想史的傳薪者
——敬悼余英時先生　葛兆光　143
「為追求人生基本價值而付出努力」的典範知識人
——敬悼余英時先生　丘慧芬　165
辭長不殺，真非得已
——由短序變專書：余英時先生與聯經的因緣　林載爵　175
余英時先生的古人精神世界　梁其姿　191
涓滴教誨見真情
——懷念余英時先生　邵東方　199

余英時老師——早年的回憶與永久的懷念　陳國棟　215
我生命歷程中的余英時老師　陳弱水　229
何敢自矜醫國手，藥方只販古時丹——在Jones Hall讀歷史　容世誠　239
「商量舊學，涵養新知」——余英時先生的讀書與著述生活　王汎森　245
自由主義的傳統基礎——余英時先生的若干治學理路　王汎森　257
「新亞之寶」余英時　王汎森　269
回憶先師余英時教授　賴大衛　277

最後的再見　何俊　287
「士不可以不弘毅」——懷念余英時先生　陳致　293
接過余英時先生所傳慧炬，讓自由之光永耀宇內　陳懷宇　301
拔劍四顧心茫然——敬悼余英時先生　周保松　329
史學星沉——憶記余英時先生在香港往事　柴宇瀚　339

悼念余英時兄

唐端正

香港中文大學哲學系榮休教授、新亞研究所榮譽教授。現為香港法住文化書院講席教授。

近年隨孫國棟、黃祖植、列航飛、霍韜晦、蘇慶彬、胡栻昶諸兄一一辭世，偶感有「留得殘生寫悼詞」之句。有問同學中有誰尚健在，曾以余英時兄應之。今英時兄亦相繼作古，杜甫有「訪舊半為鬼」之句，今日所遇，何止過半。英時兄長我數月，入新亞時為插班生，所以比我早一年畢業。檢讀其平生來書，感慨良多，紙短情長，不知從何說起。其來書多有詩作，今特選其中一封，以見其平生意趣之一斑。聊表悼念。

端正吾兄：

上月來示早到，適因學期之末，雜務忙迫，致未早復為歉。舍弟振時來港，承兄關懷照顧，感激莫名。彼現暫得一枝棲，弟心已安。但願居留問題，可以順利解決，則不久當可自主也。彼既決心不歸，一切亦唯有靠自己努力，突破困難。朋友只能救急，不能長期扶持之耳。黃開華兄厚意，招待振時住彼處，在此困難階段，誠是可感，弟日內當去函相謝，兄若先晤開華兄，乞代致意。

今年新亞三十周年校慶，耶魯盧鼎教授往賀，事先弟曾請彼作一有關當年援助新亞之演講，以為校史增新資料。盧鼎歸來後，曾以講詞相示，並附彼一九五三年與雅禮協會之秘密推薦信副本（此信現尚不能刊布）。將來時機成熟，弟當將此項資料寄新亞存檔也。

來書附思光詩及兄和作，思光近亦別寄〈山居即事〉詩四首來，心境蒼涼，一如其贈兄之什。彼尚在中年，不宜以「暮景」自待也。兄詩亦大有進境，音律偶有可斟酌處。（如「誑」言、「誑」，當作平聲字，一三五不論之說，未足盡信也）此但須多寫，即可日益穩妥。又兄為哲學家，三句不離本行，真欲作詩，則必並此而忘之。一笑。弟亦寫一律奉答思光，錄之於下，乞正。

草玄三卷足千秋，直探河源判九流。
舉世紛紛隨瞎馬，孤懷炯炯解全牛。
偶尋奕趣爭殘劫，每託詩箋寫壯猷。
眼底興亡心上影，國門回首有新愁。

未知尚能狀其心境與生活於萬一否？又最近錢鍾書先生夫婦寄贈新舊著述多種，弟亦先後有詩答謝。並錄上以供一粲。

默存先生贈「舊作四篇」，中有論「人間喜劇」語，感賦。

偶向雲中露一鱗，十年留得血痕新。

人間喜劇成悲劇，祇為君王怨鬼神。（鬼神兼指「牛鬼蛇神」也）

默存先生季康夫人寄贈《管錐篇》、《春泥集》，詩以謝之。

藝苑詞林第一緣，春泥長護管錐篇。
淵通世競尊嘉定，慧解人爭說照圓。（錢大昕；王照圓，郝懿行夫人，才學為有清一代之冠）
冷眼不饒名下士，深心曾託枕中天。（默存先生《圍城》，今之《儒林外史》；季康夫人以劇作名家）
輶軒過後經秋雨，悵望齊州九點煙。

餘不一一，專頌年禧。

嫂夫人問候

弟英時　十二．廿六

（原載《余英時教授追思集》，二〇二一）

有緣有幸同半世
——追念一代史學大家余英時大兄

金耀基

中央研究院院士、香港中文大學社會學系講座教授。曾任新亞書院院長、香港中文大學校長。

八月五日上午十時許陳方正兄來電，說余英時先生走了。他說是剛才余夫人Monica（陳淑平）通知他的。Monica打電話給金耀基，電話不通，接著就致電陳方正。我聽後震撼難過，隨即打電話到普林斯頓余府，Monica電話中平靜地告訴我，余英時於八月一日晨（美國時間）在睡夢中安詳去世，火化後已安葬於普林斯頓他父母墓園之旁（墓碑待立）。她說，七月三十一日午夜我與余英時通話是他生前最後的說話了。內子元禎在身邊，黯然無語，我也只說了要Monica保重的話。Monica是名門淑女，在我夫妻眼中是一位堅強明理能幹的女性。余先生入土為安後，她已收拾起心情。她說余英時是「無疾而終」，是有福氣的，在居留海外的學者中，他是幸運的。

掛了電話，元禎靜默地看著我，我歎了口氣，沉沉痛言：「這就是人生！」是的，八月一日近午時分（香港時間）我與英時大兄有一次通話。近月來，我們有幾次通話，每次他都會說，疫時不寧，老朋友見面已難，多通通電話，大家保重。這一次通話，說的也是些保重的話，我覺得他很疲乏，有的話也聽不太清楚，我也不忍要他說大聲些。通話後，我對元禎說，我覺得余先生有些無力，說話也不似平時般清晰，我說我是有點擔心的。但是，我是絕想不到這會是我們最後的訣別，我是絕想不到他當夜上床後就在睡夢中離開人間了。

八月七日，Monica來電，說普林斯頓大學為余英時降了半旗。一代學人余英時已走進歷史。

意趣形象仍栩栩如生

這幾天，有不少日常事務要做，生活與往日無異，但獨坐書齋，每想到我再也不能拿起電話與英時大兄有那怕是一分鐘的交談，我感到的是無比的失落與自哀，這使我記起錢穆先生的一段話：

> 朋友的死亡，不是他的死亡，而是我的死亡，因為朋友的意趣形象仍活在我的心中，那是他並未死去，而我在他心中的意趣形象卻消失了，等於我已死了一分。

英時大兄走了，人天已經永隔，但英時大兄的意趣形象在我眼中栩栩如生；他贈我的書，他給我的信，稍一翻閱，便覺他的言行容貌如在面前。余英時長我五歲，高我小半輩，我常以先生稱呼他，並尊其為大兄。余英時專志於歷史學，我則以社會學為志業，但因余熟悉社會學，我喜歡歷史，而彼此所關注的是中國文化與中國發展，故我們的興趣時有交集，且多共同語言。原來我們有各自的人生軌道，但我們的人生軌道卻在香港中大的新亞書院相接。我一九七〇年自美到中大新亞執教，余英時在一九七三年自美回港，擔任母校新亞校長，一九七三年我們在新亞由彼此有所聞而成為相識（我們第一次見面時他語我早就看過我一九六六年出版的《從傳統到現代》一書），一九七四年到一九七五年，我們共同參加中大成立以余英時為主席的「改革小組」（全名「教育方針及大學組織工作小組」）。小組成員有馬臨、邢慕寰、陳方正、傅元國等人。小組的任務是為大學的未來發展提出具體建議，重中之重是要對大學本部與書院之關係作新的定位。

無疑地，小組的改革任務不止是技術性的，它涉及到理念、價值觀以及權力與利益，故小組成員（特別是主席余英時）從不低估任務的艱難，但各人都覺得義不容辭。並且深深以為可以為大學（當然包括各書院）做一件極有意義之事。是的，小組工作初起之時，校內校外，已經風聲雨聲不絕於耳。小組主席余英時對於新亞書院的感情是眾所周知的，而他確也沒有絲毫輕忽書院的訴求，自始至終，他與小組成員都以達到大學整體發展最大化為思考的依歸。當小組工作完成時，余英時的心地湛然，他確沒有料到小組報告發布後會引發校內校外如此激烈的批評與爭議，尤其是新亞董事會的強烈反對，新亞廣場上甚至出現了道德性的言詞譴責改革小組，特別是小組主席余英時。無可諱言，改革小組的工作是失敗了，余英時個人更受到極大的誤解與委屈。但我必須指出，改革小組的重要建議，後來為第二個《富爾頓報告書》所接受，實行以來，中文大學近四十年中取得了巨大發展。改革小組解散之時，我並無灰心，只對古人「理未易明」的道理深有體會了。而在改革小組所經歷的煉獄式的過程中，我有機會深刻貼近地認識了余英時這個人。他的公心、正直、寬厚及與人為善的處事作風，我是由衷地欣賞與敬佩的，我們由「戰友」變成了「無不可與言」的知己友好。新亞三年，我們由相聞而相識，由相識而相知相重。工作小組結束後，我與家人去了劍橋大學（我以訪問學人身分在英國劍橋十個月，在美國的MIT兩個月）。安定後不久，余英時大兄與Monica及兩個女兒來劍橋看我與元禎，余金二家頗得共遊劍橋之樂。在天清地寧的劍橋，余英時已把改革小組的事置諸腦後，心安理得地回返美國劍橋的哈佛，做他喜愛的教研著述。

上世紀七十年代劍橋別後，余英時與我，雖然相聚時少，分別時多，但七十、八十、九十年代，記得我們在美國緬因州、紐約市、新加坡等地數次在國際學術會上碰面，在臺灣則多次在各種會議中歡談，九十年代到本世紀初之十餘年，更定期的在院士會議（兩年一次）、蔣經國國際學術交流基金會董事會（每年二次）見面，會後聚晤都在酒店客房品茶吹煙（我未見余英時吞煙，暮年之際，他已遵醫戒煙），傾懷暢談，餘念不已。二〇一四年，余英時獲第一屆唐獎「漢學獎」，我與元禎受邀出席頒獎盛典，那一次是英時大兄最後一次去臺北，記憶中也是我與他在東方最後一次的歡聚。

長年以來，余英時在美國，我在香港，但憑著「見信如面」的書信和萬里聞聲的電話，兩地雖大洋遙隔而愈覺友情之可貴。二〇〇四年三月他在信中說：

弟年歲愈高，愈覺人間最難得者唯親情與友情耳，其他皆為浮雲過眼，不足厝懷。

暮年之際，彼此關懷，益增思念，今年英時大兄九十一歲，我八十有六，真是「老友」了。七月三十一日午夜我們的最後一次通話，正是友情老了後平淡的關懷。

我與英時大兄半世紀的相知相交，是有緣，也是我一生中的幸事，深感「有緣有幸同半世」。

師從錢穆的史學之路

余英時在第一義與最後義上，是一位歷史學家，英時大兄之走上史學之路，與他在新亞書院師從大史家錢穆是一決定性的機緣。上世紀五十年代，余英時在香港五年，正式在新亞上錢先生課不過一年半，但課外請益小叩大鳴，啟發最多。之後在新亞研究所仍以錢穆為導師，遂得深刻了解錢穆的史學道路（「以通馭專」），窺見了治史門徑，並體認到錢先生一生治史的終極關懷（中國文化的存亡）。余英時得之於錢穆夫子者實多，他在〈猶記風吹水上鱗〉之悼錢一文中有言：「我可以說，如果我沒有遇到錢先生，我以後四十年的生命必然是另外一個樣子。這就是說，這五年中，錢先生的生命進入了我的生命，而發生了塑造的絕大作用。」余先生對錢師的尊崇，終生不渝，師生二人最後都成史學大家，可謂中國學術史上的一大美談。

余英時新亞畢業後，因學識俊秀，被推介到哈佛深造。在哈佛，余英時又進入一個新的學術世界，他飽讀西方史學，直探西方史學堂奧，又旁及哲學、社會科學，眼界更為擴大，在有西方漢學「看門人」之稱的楊聯陞先生指導下，完成〈漢代胡漢交通史〉博士論文，奠定了他在史學上的地位，相繼在哈佛、耶魯、普林斯頓常春藤名校執教，數十年來，春風化雨，培育了無數史學人才，不少學生才華縱橫，已成中國學界的領軍人物。余英時到了晚年，隱然已是新一代中國史學的北斗泰山。

值得特別一提的是，余英時之成為名重海內外的當代史學大家，與他七十年代重返香港、決定此後以中文著述一事有關鍵性的關係。他曾語我：「我寫的是中國史學，做中國研究的外國學者應該會讀中文的。」余英時自認用中文書寫遠為舒暢稱心，他的文才與史才都是第一等的，與錢穆一樣，他倆都是文史雙修，相得益彰：自七十年代後，余英時的中文著作如井噴式的出現，一部接一部，不但史識高卓，而且文彩煥然，無一部不風行於華文世界。看他的重要著作：《史學與傳統》、《歷史與思想》、《士與中國文化》、《中國思想傳統的現代詮釋》、《重尋胡適歷程——胡適生平與思想再認識》、《中國近世宗教倫理與商人精神》、《紅樓夢的兩個世界》、《陳寅恪晚年詩文釋證》，以及鉅製《朱熹的歷史世界——宋代士大夫政治文化的研究》與二〇一四年出版的《論天人之際——中國古代思想起源試探》的思想史扛鼎之作，讀者可以見到他治學方面之廣、深，可謂通古今，兼中西。難能可貴者，他在思想史上，每每有意無意中開闢了研究的新領域，並對歷史的老題目，以當今的學術觀點作全新的現代詮釋，這當然顯出他的書寫與五四時期的學術趣旨有所別異，與乃師錢穆的著述也有不同的史學風貌了。在根本的史觀上說，余英時是傅斯年的科學史觀外，別開生面，治史之目的不求歷史的「規律」，而在深探歷史的「意義」。他的百千萬言的史學論述，不啻為現代詮釋學史學開闢了一片漢學的新天，這就宜乎余英時在二〇〇六年獲美國有「人文諾貝爾獎」之稱的「克魯格人文終身成就獎」及二〇一四年獲頒臺北的唐獎第一屆「漢學獎」了。

胡適、殷海光、余英時

余英時先生筆耕一生，終老不止，在我眼中，他是「我書寫，故我在」的一位學者，英時大兄的書寫多彩多樣，最可見他的人文興趣之廣、人文關懷之多與人文修養之深。他能寫《朱熹的歷史世界》這樣的皇皇巨製，也會寫《紅樓夢的兩個世界》這樣的紅學文章，而最令人驚艷的是他寫《陳寅恪晚年詩文釋證》。余英時以他特具的詩心詩才，一一破解了陳寅恪所寫一個典故包著一個典故、充滿隱喻的詩文的密碼，一一呈現還原了這位近代大史家九曲迴腸的心理世界，余英時之能寫出如此石破天驚的名篇，是因他有寫詩的「別才」（他曾語我，錢穆夫子就曾說他有此「別才」）。我記得科學與人文雙修的陳之藩兄，不止一次對我表示，他真羨慕余英時寫古詩的本事。

當然，在諸種書寫中，余英時最風動當代的是他一篇篇彰揚、守護民主自由的凌厲文章。在這方面，他頗像胡適。胡適終其一生，從沒有動搖他對民主自由是文明社會基石的信念，余英時是「後五四」時代的「知識人」（他不喜歡「知識分子」的稱謂），他對五四新文化運動有批判，也有繼承。他批判的是五四反中國傳統文化的激進主義，他繼承的是五四倡導的科學與民主，民主、自由是他一生信守的基本價值，余英時與五、六十年代臺灣的殷海光一樣，都是真實的自由主義者。胡適、殷海光、余英時是百年來中國自由主義具標桿性的人物，他三人都是學者，都不從政，卻從不忘論政。這是現代知識人的公共關懷，也是中國讀書人「為生民立命」的偉大傳統。我生也有幸，與這三位非凡人物都曾在這世上遇見。我不識胡適，但我在學生時代，讀他與梁任公的書最多，並親耳在臺北聽過他兩次演講，一派學人風範，依稀可見五四當年光采，他去世後，我曾撰長文悼念；殷海光先生是我臺大老師，但未上過他課，殷先生晚年因看了我的論現代化之文，囑陳鼓應、陳平景到商務印書館邀我到殷府喝咖啡，自此與殷先生成為忘年深交，殷先生於我是平生風儀兼師友。余英時未見過胡適，因寫《重尋胡適歷程》，成為胡適的隔代知音；余英時也未見過殷海光，但他曾在以殷為主筆的《自由中國》發文，對殷海光自有會心。與英時大兄相處時，我們多次談到胡適、殷海光兩位前賢。

翰墨之緣

我與余英時先生的半世交往，可記之事甚多，但就我個人來說，自二〇〇四年中大退休迄今的十七年中，最難忘的是他多次對我書法的評論和鼓勵。

我退休後第一時間就拿起毛筆，重新踏上少青年時代開啟的「翰墨之道」，一年後，自覺我的書法已有些「書趣」，遂寫了一幅送贈英時大兄，因為我一直認為他與錢穆夫子都能寫一筆好字，並且也喜愛書法。二〇〇五年八月他來信說：「前日收到墨寶，暢酣淋漓，既感且佩。弟早知兄深具文學與藝術秉賦，今稍稍臨池，書法天才即破繭而出，誠所謂賢者無施不可也……」英時大兄這樣的話對我是很大的鼓勵。二〇一〇年余英時在香港牛津大學出版社出版《中國文化史通釋》，要董橋兄作序，要我題簽，我們當然遵囑。英時大兄在出版後記中說：「慨然接受了我的懇求，董橋兄的序文和金耀基兄的題簽不但使本書熠然生輝，而且讓我深切感受到數十年友情的溫暖。」余英時心中最重的就是友情。

我八十歲之年（二〇一五）寫了一幅李白的〈贈孟夫子〉寄給萬里外的英時大兄，蓋欲借李白詩以表我對「余夫子」（是年他八十五歲）之遠念也。他收到我書之長卷時，他在越洋電話中說：「兄書有一家面目」，並說：「我雖不善書，但我是懂書的。」其實，英時大兄絕對是「善書」的，看他贈我的書法條幅，圓勁秀挺，有「讀書萬卷始通神」的筆墨，他的自謙自信，一如東坡居士所云：「吾雖不善書，曉書莫如我。」

二〇一七年三月，香港集古齋的趙東曉博士為我舉辦一場「金耀基八十書法展」，是年我八十二歲，是我父親逝世之年齡。父親是我書法的啟蒙師，他對我是有期待的，我之舉辦此次書法展，實有對父親作一交代之心。開幕式中，萬想不到在董建華先生致辭後，輪到主禮嘉賓董橋講話時，他從口袋中緩緩取出一紙，竟然是宣讀了余英時託他宣讀的一封賀書：

> 耀基兄的書法是他藝術人生的最圓滿的體現，卻一向為他的學術志業所掩蓋，退休以來十餘年間，書法竟成為他的生活中心，勤習之餘，卓然成家，海內外雅好金體書的人，於是也越來越多，但是我不願將書法從他人生中完全孤立出來。藝術精神貫穿

在耀基兄的全部生命之中，書法不過是其中的一環而已。事實上，不僅他以「語絲」為名的所有散文是藝術的化身，而且他在百萬言的學術論述中，也時時流露出藝術的光芒。我們相交四十多年，在記憶中，每次晤聚都自然而然地引出我發自內心的愉悅，好像經歷了一次藝術欣賞一樣，我在室中走動，偶爾看到他贈我的條幅，但我所見到的卻不是書法，而是書法家本人。賀　金耀基兄八十書法展，敬煩董橋兄代為宣讀。

余英時　二〇一七年三月十四日

余英時先生對我的為人治學，特別是對「金體書」毫不保留的讚譽，詞真而美，意深而切，非深知我、厚愛我者，不能有此文墨。英時大兄這篇從天而來的賀書，非我事前所知，特別令我感動。其實，他對我之厚愛，常不語我知。一九九四年，我當選中央研究院院士，但事前他與許倬雲、李奕國等院士聯名提我為院士候選人之事，我卻全不知情。

今年（二〇二一）新春時節，我寫了一幅蘇東坡的〈蝶戀花〉贈英時大兄，三月十五日，他寄來一短信和一本英譯本《中國近世宗教倫理與商人精神》。信中寫道：

耀基兄、元禎嫂：

恭賀新年，英時、淑平同拜。

承耀基兄書贈東坡蝶戀花名幅，不勝驚喜。耀基兄已成書法大家，真所謂「一字千金」，弟得此榮賜，不知何以為報，唯有置之案頭，時時賞玩耳。寄上英譯本拙作一種，聊以為友情之紀念……敬祝

撰安

弟 英時 手上

二〇二一年三月十五日

這是我收到英時大兄的最後一信（平時多用電話），摩挲手跡，滄然無語。我們相交四十八年，有過無數次的歡快之聚、有緣有幸同半世，何其美哉！但如今英時大兄已駕鶴仙去，走進歷史，融入星空。我再無有與他論書談天之樂，問蒼天蒼天不語，何其痛哉！我不由又想起錢穆夫子之言：「朋友的意趣形象仍活在我的心中，那是他並未死去，而我在他心中的意趣形象卻已消失了，等於我已死了一分。」有緣有幸同半世，畢竟也帶有我無比的遺憾和自哀，這就是人生。

（原載《明報月刊》第五十六卷第九期，二〇二一年九月）

在北京包餃子的期望
——憶英時表哥二、三事

張先玲

「天安門母親」發起人之一、航太工程師。

余英時先生是我大姑媽唯一的孩子。表哥一出生，大姑媽就走了。為了這原因，表哥一輩子不過生日。

我從沒見過大姑媽。抗戰開始，父母帶著我們從杭州輾轉回到桐城老家。那時英時表哥在潛山老家，我雖然尚未和他見到面，不過，卻常常從大人談話中聽到關於他和大姑媽的事。

余英時母親張韵清：有主見的才女

我們祖上是清代名臣張英、張廷玉，所以安徽桐城的大宅子被稱為「相府」。其中住著四房人家，我們是最小的一房。祖父張傳縉（英時表哥的外公）曾捐過候補知府，從未出過實缺。祖母黃玉檀（表哥的外婆）是浙江布政使黃祖絡的小姐，我出生時她已去世。但從照片上，和我父母親及上輩人的敘述，我覺得祖母是個端莊美麗的舊式貴婦人，很有威儀，懂詩文，愛京劇，擅長梅派。

大姑媽小時候住桐城，後來才隨父母搬到北京。因為我祖母喜歡城市生活，而且北京有祖母的娘家人，和一些地位相當的親戚。大姑媽是祖父母的第二個女兒（第一個女兒夭折），家譜記載她名是家瓊，字韵清。當時都是以字行，所以，很多人只知道余英時母親名張韵清，連《潛山余氏宗譜》記錄的也是字，不是名。

《潛山余氏宗譜》還寫說她「才學德行俱優，著有《谷香齋詩》一卷待梓。」這本詩集可能沒出版，但我的同宗興葦齋主人有在民國十六年（一九二七）出版的《民彝》第八期中找到她的四篇詩作，如下：

〈暮遊北海公園〉

久困塵囂裡，來從世外遊。
參天多古樹，涉水一扁舟。
爛漫花如錦，清輝月似鉤。
仙源原有路，何用武陵求。

〈登陶然亭〉

細草微菌遍陌阡，嫣紅奼紫倍鮮妍。
偏從病裡聞幽笛，更在愁中弄小弦。
悵望故園悲萬里，分飛雁序隔雲天。
登臨不禁滄桑感，鶯語聲消又杜鵑。

〈詠梅〉

應伴孤山處士家，豈同凡卉鬥妍華。

最憐明月來相照，瘦影參差上壁斜。

〈柳〉

記得堤前學舞腰，吳宮嫵媚遜他嬌。

廿番風信真無賴，催促春光滿灞橋。

小時候在家裡看到過祖父母全家和親戚們在北京頤和園、北海、天壇等各大景點的照片。大大小小的合影中，大部分都有大姑媽的倩影，可惜「文革」中所有照片都付之一炬。

雖是相府大小姐，也沒念過新式學堂，但大姑媽不只通文墨，還善理家。聽我母親說，在北京時一大家子上上下下，人情往來等事務，祖母都依靠大姑媽協助。雖有不少人來提親，祖母都不滿意。當時表哥的父親余協中先生正在北京某大學任教，經親戚介紹男方的家世和工作性質，雙方父母和當事人也看過了照片，我祖母卻不大同意，認為張家三世一品，歷代書香，余家只是鄉紳，沒有功名，家世不夠顯赫。另外，她還對留過學的人有偏見。

我大姑媽卻表示願意見面談談，以考察對方的學識和風度。後來由介紹人及長輩親戚陪同見了面，不久就訂婚了。在那個時代，那樣的家庭，能在婚姻上堅持己見，說服父母，也是很少見的。可見大姑媽的思想境界不同一般。

出嫁後不久，姑父到天津南開大學就職，她也就隨著遷往天津。她常常回北京看望父母。聽母親說大姑媽為人溫和，且善解人意。那時我母親新婚不久，大姑媽已經有了身孕（也就是英時表哥），每次回來，都會關心我母親住慣的是杭州，嫁來北京生活是否習慣。她安慰我母親說，祖母雖然看起來嚴肅，但性格平和，很疼愛小輩，有什麼想吃的用的只管說，不要拘謹。

後來聽說，大姑媽臨產時祖母要她回北京，但姑父要她在天津一家德國人的醫院分娩，大姑媽難產去世，祖母為此一直心存芥蒂。大姑父從此未回過岳家。

表哥來到桐城

大約在一九四六年，祖父去世後的第二年，抗日戰爭剛剛勝利。有一天，聽說潛山的余表哥要來桐城小住，孩子們都很興奮，好奇等待這位遠方的表哥。

依稀記得有一天，大人將我們都叫到第一進，因為爺爺去世不到三年，正房第一進的堂屋還擺設著他老人家的靈堂。我進去就看見靈堂邊站著父母親、爺爺的兩個小女兒六姑七姑，還有一個高高瘦瘦的男孩，看上去年紀比我們大，像是中學生，膚色較黑，但很是文靜儒雅。我們進去後，爸爸指著男孩說：「這是潛山來的余表哥。」接著，余表哥先在爺爺的牌位前磕了三個頭，又給兩個小姑姑磕一個頭，雖然兩個小姑姑的年紀都要比他小七、八歲，但是，她們是大姑媽同父異母的妹妹，是他的姨母。那時，第一次見長輩還是要磕頭的。拜過長輩，他轉過身面對著我們兄妹三人，爸爸說：「叫表哥。」我們一起叫「表哥」，向他鞠了躬。從此他和爸爸、哥哥就住在前進，我們幾個女孩跟著母親住在後進。

表哥是少年老成的孩子，身體不大好，面黃體瘦，當地人說這樣的孩子是有「痞塊」，中醫說是「食積」，現在說法就是消化不良。母親隔幾天就要帶他去「丁回子」診所看病，他是縣裡有名的專治這病症的醫生，回族。服了一段時間的湯藥，果然面色紅潤起來，人也胖了一點。

那時我們只有八、九歲，他已是十六歲的少年，父親時常誇獎他中文好，字好，將來會有出息。通常他總在爸爸的書房裡看書，或者有父親的朋友來談詩論畫，父親也會叫他去參加。父親就是《余英時回憶錄》中的二舅張仲怡，他的一句「進士平生仕不優」經過友人建議改成「進士平生酒一甌」，表哥覺得深受啟發，在《回憶錄》中把整首詩都錄了下來。我母親則叫丁穎華，是名臣丁寶楨的曾孫。

「潛山來的余表哥」都在跟父親一起談詩論畫，我們對他只能敬重多於親近，就當他是學習的榜樣。他也從不和我們這些孩子一起玩，但有時會在旁發表幾句文縐縐的評論。記得有一天我忘了是什麼原因，眉毛沾了白粉，我拿手絹對著鏡子一邊擦，一邊發牢騷，表哥正好坐在旁邊的搖椅，等著我母親帶他去看病。看到我不高興，他一邊悠閒地搖著椅子，一邊慢幽幽地念：「卻嫌脂粉汙顏色，淡掃蛾眉朝至尊。」我知道這詩句是描寫虢國夫人的，聽了很生氣，覺得在諷刺我，卻不敢發作。

幾十年後，一九七八年再見到時，跟他說到這件事，他笑了，說：「那時候我看你們都是小孩子，不是有意諷刺妳的，妳還記得！那現在我給妳道歉。」

表哥在「相府」沒住多久，南京那邊表哥的二姨母張盡宜，也就是我的二姑媽，帶了一位小表弟也回到桐城，她是來接表哥去南京讀書的。這個小表弟倒是和我們玩得挺開心。現在回憶起來，二姑媽住了大約半個多月，就帶著英時表哥一起回南京了，《余英時回憶錄》有她的照片。聽說表哥去南京是準備上大學，這對我們兄妹是個激勵。我哥哥從表哥走後，就鬧著要去大城市讀書。一年以後他就到杭州外婆家去讀中學了。一九五三年他在南京考區，以優異成績考入清華大學。

再見面已是改革開放

一九四六年分別後，相隔三十多年我們才又見面。一九七八年改革開放，我們從一位姻親處得知表哥的地址，那時我母親還在，和我住一起，她寫了一封信，這樣聯繫上的。正巧他要率領漢代研究代表團來大陸訪問。母親聽到消息，激動地流下眼淚。她絮絮叨叨說：「這孩子從小沒母親，身體又弱。不知現在怎樣了？」我告訴她：表哥現在已經是美國名牌大學的教授，是知名學者了。她這才破涕為笑，說：「這樣就好，這樣就好。妳爸爸就說他將來會有出息！他媽媽在天之靈也得到安慰了。」

那時我的先生王范地正好出差，大孩子王松要準備第二年的高考，時間緊張。表哥到北京之後，我和母親帶著兩個孩子王楊、王楠去北京飯店與他見面。一見表哥，母親就哭了，表哥溫和地摟著母親的肩膀說：「二舅母，不要傷心，我們不是見面了嗎？」母親喃喃地說：「可惜你二舅走了……」

表哥在我模糊的記憶裡是個瘦高的少年，現在已變成學者風範的中年人。他臉龐的下半部和嗓音都有些像我父親。落座後，他問了我們兄妹以及在大陸親戚的情況，又談了些過去的事情，我們就告辭了。

表哥從外地訪問回京，準備回美國之前，我們又見了一次。那時，我的思想還很懵懂，還沉浸在「打倒了四人幫」的輕鬆感，對未來充滿期盼。我問他這次在外地的觀感。他沉重地說：「百廢待興啊！有的事積重難返，再興也很難了。」

談到時局，我說：「現在開放國門了，外面有些先進的思維和事物會給國家帶來新的局面。」他說：「會比以前好。但開放了泥沙俱下，壞的東西學得更快，這就要看共產黨領導層的見識、胸懷和智慧了。」

他還說：「美國也有不足之處，比如無罪推定是正確的，但明明知道某人是殺人犯，沒有證據就無法定罪，這就是不足之處。不過比起你們這裡『欲加之罪，何患無辭』，那是天壤之別了。」

談到兩岸統一，他說：「兩岸都有我的親戚，我當然願意統一。但這不是簡單的事，現在兩邊的差別還比較大。只要大家朝同一個正確的方向努力，達到一定的高度——」抬起兩手做出兩肘等高的姿勢，接著說：「到那時自然就統一了。當然，那不會很快。」

臨別，他抄了三首此行寫成的詩詞送我做紀念，跟他後來印在書裡的選字有些微差別，應該是初稿。他給我的版本如下：

〈車行河西走廊口占〉

昨發長安驛，車行逼遠荒。

兩山輕染白，一水激流黃。
開塞思炎漠，營邊想盛唐。
世平人訪古，明日到敦煌。

〈由敦煌至柳原口占〉

一彎殘月渡流沙，訪古歸來興倍賒。
留得鄉音皤卻鬢，不知何處是吾家。

〈題敦煌文物研究所紀念冊〉

初訪鳴沙山下，莫高瑰寶無窮。
漢唐藝術有遺踪，風格中西並重。

最後一次聚首

一九八九年天安門學生運動，我的小兒子王楠在南長街南口遇難，他一九九三年知道這個消息，在《中國時報》發表了〈民主、天安門與兩岸關係：一位母親的來信〉一文，披露孩子遇難的事實，譴責了大陸政府的暴行。對於我參與「天安門母親」群體的事，他十分理解，並囑咐我注意安全。九〇年代後期，他曾將一筆稿費捐贈給群體中困難的老人。

我們最後一次見面是在華府，離上次已經二十多年。二〇〇〇年十一月，我隨先生王范地去美國參加一個藝術活動，住華府附近。那幾天表哥正好要去參加一個會議，為了會面，淑平表嫂特意在華府賓館訂了兩個房間。那天，他們到達賓館已經比較晚，我是第一次見到表嫂，表哥也是第一次見到我的先生。四個人談得很融洽，真是一見如故。

表嫂有著南方人的秀麗嫻雅，舉足投手之間，顯出大家閨秀的風韻。她告訴我她生在北平，所以叫淑平。果然，談吐亦有幾分北方人的爽朗。他們對王楠遇難表達了深切的關心和哀悼，對六四屠殺十分憤慨。表哥說：「六四慘案不解決，我不會去大陸！」

第二天又一起共進早餐，當時，大家對於國內的形勢還抱有希望，以為十年、二十年左右，局勢會有好的變化，我們相約，到那時請他們來北京包餃子。

二〇〇四年三月發生的變化卻不太好。那是六四十五周年前夕，香港送給「天安門母親」幾十件T恤，北京國安局將我和另一位在北京接收郵包的「天安門母親」拘留，並將人在外地的丁子霖監視居住。消息披露，世界輿論譁然，紛紛譴責中國政府，表哥也積極參加營救活動。

好的變化雖沒發生，我們還是常在電話中談到期望早日能在北京包餃子。淑平表嫂是堅強而睿智的女性，她常在電話裡爽朗笑說她今天跑了哪些地方，辦了那些事，然後加一句：「我是行萬里路，你表哥則是讀萬卷書。」我想，正是她行萬里路，才保證表哥能讀萬卷書，寫下等身著作。

可惜，在北京一起包餃子的期望終於還是沒實現，表哥就遽然仙逝了，給我們心中留下無盡的遺憾！

二〇二一年十一月十日於北京

（原載「聯經思想空間」：網址 https://www.linking.vision/?p=6779）

時間凝固的一刻
——驚聞余英時兄仙逝

陳方正

香港中文大學榮譽院士。曾任香港中文大學物理系高級講師、中國文化研究所所長，現為香港中文大學物理系名譽教授、中國文化研究所名譽高級研究員。

今早剛如常吃完牛奶玉米片的時候，電話響了。意想不到竟然是淑平，她一般是不會在十點之前來電話的，所以覺得有點奇怪。「余先生睡好幾天了。」，她開口便說。「什麼，睡好幾天了，不是生病吧？」我不太明白。「不，一直在睡呢。」她回答。「哎呀，那怎麼成，沒有送到醫院去看嗎？」我還是不明白。「已經走了好幾天啦。」她有點忍不住了，但我仍然沒有會過意來，還在追問到底是怎麼樣一回事。「哎呀，余先生已經過去好幾天啦，現在都已經入土為安了！」她這才直說出來，頓時令我五雷轟頂，不知所措，呆在那裡只能夠「呀，呀」的叫。「他不是在八月一號星期天早上和你通過電話的嗎，跟著十二點左右（按：美東時間星期六的午夜）還和耀基通了電話，然後去睡覺，夢裡就過了，再沒有起來。」她繼續說下去，一邊回答我的問題，「我們這裡辦事情很快，英時的父母的墓都在普林斯頓，所以他就葬在他們旁邊。啊，是的，當然有個儀式，學校東亞系裡面的人像Peterson他們都來的，女兒們也來過，現在都已經回紐約去了。我慣了一個人到處跑，自己處理事情的，一點問題都沒有，朋友也多，不用擔心。」這樣，再三請她節哀和保重身體之後，就只好掛上電話了。

雖然這一切都好像仍然不太真實，但也就沒有時間去讓心情慢慢平復，必須硬著頭皮去通知外甥梁其姿，因為她在臺灣的熟人多；以及金耀基——本來淑平是先找他的，只不過沒有接通而已；當然，還有大學校方和國內的那許多學界朋友。幸好現在整個世界都已經被無遠弗屆的電子網絡覆蓋在裡面，只需在手機上按鍵消息就立刻傳揚出去，跟著網絡就沸騰起來了。

和英時兄相識已經超過一個甲子，但只是當初在劍橋和後來在中大有過兩段經常見面的日子，此外一直是遠隔重洋，動如參商。但我們有點緣分，一見如故，所以幾十年來一直保持聯絡。近年彼此都上了年紀，更覺得老朋友的可貴，雖然通電話也並不那麼頻繁，每個月一兩次罷了。自今年初以來他的談興就顯得不那麼高，經常顯出倦意，而且重聽日漸加重，所以不想過分煩擾他，卻沒有意識到，這其實是他在慢慢衰退。上月中他來電話，很高興地告訴我他那本新編的《中國近世宗教倫理與商人精神》英譯本已經出版，並且已經用快遞分別寄給我（連帶其姿也有一份）和耀基作為紀念。為了要快，這還勞煩他的夫人陳淑平親自拿到郵局去辦理。

果然，這書上星期四就寄到了，不但有他很客氣的題簽，包裹裡還附有他為田浩（Hoyt Tillman）教授榮退會所寫文章的單行本。第二天一早我打電話去致謝，淑平說他暫時不方便，不巧我當時有事必得出門，星期六早上又有電話會議，只好約定星期天早上再通話。屆時英時兄先打來了，但只談了大約一刻鐘左右。由於對時局感到失望，他情緒頗為沉鬱，我除了多謝贈書和懇請多加保重之外，也想不到什麼別的話來為他開解，只好快快掛斷，完全沒有意識到，這實際上已經是訣別了！倒是耀基兄今天告訴我，他們在星期天通話的時候，英時兄口齒不清，話語含糊，迥異平時，令他隱約覺得很不對勁。現在回想，其實這大半年以來，他很可能自覺日漸疲乏衰頹，已經多少有些預感，所以每趟通話雖然短暫，卻總要重複已經沒有興致寫作，老朋友難得，彼此保持健康最為重要之類話題，而且也絕少提起在看些什麼書或者他平素最感興趣的網球比賽了。可惜的是，對於這些徵兆我竟然一直都沒有注意。

我出生的時候父親已經年逾不惑，姐姐也快要進大學，所以他們過去的時候我年紀並不大。事後不時回想服侍老人家度過晚年的情況，以及姐姐退休之後和她相處的那些日子，總不免責怪自己缺乏磨練，故而粗心大意，不能夠了解親人微妙的心意和需求，從而留下無盡的遺憾。真想不到，如今年紀雖然大了，在一位相知多年而又十分敬佩的一位老朋友行將走進歷史之際，卻仍然不能夠覺察到他那些徵兆和預感，仍然要留下深深的遺憾。這恐怕不再是磨練的問題，而是因為生來就欠缺某種細膩的直覺吧，由是而留下的遺憾則是無法填補的了。

二〇二一年八月五日午夜草於用廬

（原載財新網，二〇二一年八月六日，網址https://mini.caixin.com/2021-08-06/101752060.html）

相遇於命運的樞紐
——談余英時、新亞書院與中文大學

陳方正

香港中文大學榮譽院士。曾任香港中文大學物理系高級講師、中國文化研究所所長，現為香港中文大學物理系名譽教授、中國文化研究所名譽高級研究員。

沒有道別，沒有遺言，沒有任何儀式，就這樣，英時兄以最低調、最意想不到的方式，輕輕地，悄悄地走了。他從中國的歷史大變遷中走來，在自己所營造的歷史研究和時政評論世界中生活，現在則已經走進歷史，任人評說了。這裡我要談的，只是他生命中很短暫的一段插曲，然而也是對他本人，以及對他關係至深的兩所學府至為重要的一個大轉折，所以是值得我們關注甚至研究的。由於我本人也牽涉在這大轉折之中，而且那是我和英時兄相處最為緊密的一段時光，這裡我就不再徵引其他資料，只憑記憶來回顧和反思往事，以作為我對這位認識超過一個甲子之久的老朋友的追憶和紀念。

腹有詩書氣自華

我在一九六六年回到中文大學物理系任教，當時作為講師，是隸屬聯合書院而非大學本部，所以長期在書院位於香港島的簡陋校舍中工作，直到一九七二年方才搬入大學在沙田校園新建成的宏偉科學館，頓覺豁然開朗，遷於喬木了。翌年大學在「教務會」（Senate）中設立「學術規劃委員會」，我膺選講師代表，某次開會遠遠見到當時剛從哈佛回到中大出任新亞校長的余英時，但不知他是否仍然記得故人，並沒有過去打招呼，不料會後他著意拉住我敘舊，自此恢復了往來。

其實初度識荊，已經是十幾年前，羅球慶兄把我帶到他在劍橋家中參加聚會的事。當時我還在本科念二年級，他也還是研究生，然而溫文爾雅，不慌不忙，坐擁書城，已經顯露出「腹有詩書氣自華」的氣度，那無論從生活或者治學的角度看，都是一般留學生難以企及的。這無疑是因為他的尊大人余協中老先生早已經在劍橋安居，故此有家居之勝而無後顧之憂；但更重要的，自然是他在新亞書院受了恩師錢賓四先生的長期熏陶，為一生學問立下穩固根基。除此之外，還有往往為人忽略的一面，那就是他在香港那五年間，不僅僅埋首治學，同時還編雜誌、寫文章、出書、議論時政，在思想潮流中翻騰，走過了現代知識分子所必經的心路歷程。所以到了劍橋以後，他以中國思想史為範疇的治學方針和以自由主義為根本的世界觀都已經開始成形了。

生命中最重大的波折

此後他生命中最重大的波折就是一九七三至七五年間回到新亞書院出任校長——當時仍稱校長而非院長，以彰顯書院的獨立法人地位。此事對於他一生有決定性影響，是很值得注意的。其實，他最初赴美本是以新亞派遣的訪問學人身分成行，後來受到哈佛大學的學術環境吸引，遂決定留下從頭攻讀博士，但與錢先生有學成返校任教之約。然而一九六一年畢業之後，一個廣闊而具有無限吸引力的學術天地在招手，令他欲罷不能，遂再度推遲履行前約，延宕不歸。況且，此時新亞書院已經來到巨大變化前夕：兩年後它就加盟新成立的中文大學，成為其中一分子，其獨立學府的地位遂發生變化；翌年錢先生突然辭職離開新亞，不久更飄然遠引，移居臺灣，令文教界乃至社會大眾愕然。至此，他回到母校任教之約可以說已經在無形之中自動解除了。然而，英時兄是極重情義之人，顯然對前約仍然念念不忘，所以在一九七三年前後接到校方邀請，就毅然向當時任教的哈佛大學請長假，返港出任新亞校長。

此時他正當大有為的盛年，對前途有何長遠打算固然無從得知，但中大剛剛遷入新近落成的沙田校園，處於整合和大發展的前夕。眼光遠大的校長李卓敏不但求才若渴，而且主持校政已經足足十載，自然要開始考慮繼任人選。事實上，大學當時的研究院院長邢慕寰教授不但是李校長的得意門生，經常就大政方針提供意見，同時也是英時兄在劍橋時代所交的好朋友。所以不難想像，在此關鍵時刻英時兄回歸新亞和中大絕非巧合，最大可能就是出於邢公的策劃、推動、聯絡、遊說，而其意義自然也不會僅僅限於短期訪問，而必然有更長遠的構想。在英時兄方面而言，此行意味些什麼大概也同樣是開放的，一切都視乎日後發展和校方態度而定。

然而，邢公為李校長籌劃的整個構想雖然縝密（這當然只是事後猜測，但從種種跡象看來，大概也離事實不遠），後來的結果卻令人目瞪口呆。英時兄上任後立刻就由於輪替制度的規定而要同時兼任大學副校長；跟著，大學成立了一個最高層次的「工作小組」，任務是對於組成大學那三所成員書院的鬆散「邦聯結構」作一番徹底的檢討，而順理成章，英時兄成為這個小組的當然主席，也就是被抬上轎子了。這個小組後來的發展現在已經人盡皆知，毋庸細表了。簡而言之，經過兩年的反覆討論、研究，它提出了一個折衷各方意見的改革方案上交大學；港府接到大學轉呈的這個方案之後將之擱置一旁，然後強力推行由另一個校外委員會所設計的大學中央集權體制。在這個劇烈變化的過程當中，社會人士議論紛紛，各種猜測和反對之聲此起彼落。至於三所成員書院對於改制的態度則非常分歧：聯合書院基本支持，崇基學院審慎中立，自我意識最強的新亞則最為激烈，無論師生、校友、校董都一致堅決反對。作為小組主席和新亞校長的英時兄首當其衝，自然受盡了明槍暗箭，辱罵詆毀，因此在兩年任期屆滿之後，就黯然辭職返美，從此再也沒有動過回到東方的念頭。

堅定了人生道路的選擇

如今事過境遷，舊事重提，可以很清楚地看到：當年大學校方和港府共同推動大學統一之舉其實是勢在必行，而無論大學採取何種方式進行，社會的嘲諷和新亞的劇烈反對都是無可避免。換而言之，奉命主持其事者無論如何都要為此付出高昂代價。那麼，倘若校方洞燭先機，是否就可以保存像英時兄這樣一位難得的人才，避免令他成為犧牲品呢？畢竟，從事後看來，無論誰當主席，乃至無論小組寫出什麼樣的報告，其實都並不那麼重要，改制之議所將引起的激烈反對，和它最後導致的結果，都不會因此而有什麼改變。但這恐怕仍然不能夠改變英時兄日後的處境，因為他即使不當主席，甚至不參與小組工作，但作為新亞傑出畢業生和現任校長，他也絕不可能不對書院所面臨的這個存在危機拿出明確的態度來，甚至也不可能不大力反對，也就是完全站到大學的對立面去，否則仍然會引起師生、校友、校董的極大不滿而遭到同樣的惡毒詆毀和攻擊。說到底，一旦啟動改制，則「舊新亞」和大學就已經勢不兩立，在此對峙局面之下，他是根本不可能依違於兩者之間而又同時在大學新體制內發揮領導作用的。甚至，即使他的翩然回歸推遲到大學改制風波塵埃落定之後，新亞諸子對於他的強烈期待、要求恐怕也不見得會有什麼基本改變——更何況，在稟賦和性情上，他是一位徹頭徹尾的學者而非建功立業者，即使在最理想的狀況之下，也不見得會選擇以領導高等教育的發展為終身志業呢？

其實，從事後的發展看來，大學當局能夠找到像金耀基兄那麼一位兼具政治智慧和桀驁大才，雖然已經任職於新亞，其實與之又無歷史淵源的「局外人」來收拾改制風波所造成的混亂局面，令新亞脫胎換骨，蛻變成「新新亞」，那已經是最完美的善後之道了——這無疑仍然是邢公的智謀在繼續發生作用吧。中大這整個改制過程說明，人事的千變萬化往往出乎謀劃和意料之外，因此也再一次印證了「謀事在人，成事在天」那句老話。

所以，一九七三至七五那兩年，無論對中大，對新亞，抑或對英時兄而言，都可謂是「命運的樞紐」（借用丘吉爾《二次世界大戰回憶錄》第四卷的書名）。中大自此從一個鬆散的三校聯盟蛻變為一所由中樞控制、規劃、推動的現代大學；英時兄則通過兩年的煎熬、忍辱和承擔，而徹底償還了他對於恩師和新亞書院的欠債，堅定了他對今後人生道路的抉擇，從而可以心安理得地回到太平洋彼岸，重拾他所嚮往、喜愛的平靜學術生涯，為後半生建立一個屬於自己的精神家園。可以說，新亞、中大和英時兄三者的日後發展道路，多少都是通過那趟激烈的相互碰撞而決定下來。然而，「人間孤憤最難平，消得幾回潮落又潮生」，當日的衝突、憤恨、悲痛如今俱已化作輕煙散去，往事已矣，只能供後人追憶和嗟歎了。

（原載《明報月刊》第五十六卷第九期，二〇二一年九月）

緬懷余英時兼論他的兩個世界

陳方正

香港中文大學榮譽院士。曾任香港中文大學物理系高級講師、中國文化研究所所長，現為香港中文大學物理系名譽教授、中國文化研究所名譽高級研究員。

八月間，余英時先生忽然間走了。他年事已高，而且很有福氣，安詳離世，但事先沒有任何朕兆，大家的驚愕、傷感、難過自不待言，我尤其如此，因為他在一睡不起之前的幾個小時還和我通話，短短幾天之後，我就突然接到余夫人來電話，說他已經入土為安了。當時真有如五雷轟頂，驚駭莫名，所謂世事無常，人生如夢等種種滋味，都一起湧到心頭。而直至如今，英時兄已經走入歷史，再不會如常和我們談笑，為廣大讀者論述歷史這個事實，也仍然好像十分虛幻，難以置信。

我和英時兄相識甚早，至今已經足足一個甲子。然而，由於經常遠隔重洋，相聚時日其實甚短，統共才不過三四年而已。回想起來，我們之所以能夠相交甚至相知，大抵是通過兩段頗為難得的緣分。首先，是七〇年代初他到中文大學來出任新亞書院校長，跟著主持負責大學改制的工作小組，我作為年青教師參與其事，和他每週開會討論校政，後來更要共同面對外界的大量質疑和指責，宛如置身於密封的壓力鍋之中，前後歷時達一年半之久，由是形成對彼此的了解和信任。其次，則是九〇年代初我和金耀基、金觀濤、劉青峰等共同創辦《二十一世紀》雙月刊，希望以一種兼容並包的開放態度來推動中國的文化建設，他對此積極響應，大力支持，為我們寫了十幾篇文章，因此又發展出理念上的呼應、碰撞、交集。除此之外，我們大體上就只是由於一兩次國際學術會議（最難忘的一次是一九九三年的斯德哥爾摩之會）和不時的互訪而保持聯繫了——當然，彼此對於圍棋的濃厚興趣，也形成了一條紐帶。甚至，在文字上，我們的直接往來也很稀疏，只是到了最近十幾年，方才略有增加，例如他為拙著《繼承與叛逆》作長序，我為他的《論天人之際》寫評介等等。

因此，整體而言，我對於英時兄的了解其實是十分鬆散的，主要是通過多年交誼和並無系統的閱讀和觀察，下面的討論也大多是基於我們早年的平行經歷，以及我對他的關注而已。

一、生命中的關鍵時期

對於英時兄我有兩個基本看法。首先，他的人生觀、世界觀、事業取向等等，是在相當早的階段，大致不超過而立之年，就已經形成並且定型，此後不曾再有重大改變。其次，借用他那篇有名文章〈紅樓夢的兩個世界〉的題目，我們可以說，他自己也有兩個不同的世界：一個是學術研究的世界，也就是他倘佯其中，樂而忘返的中國歷史探索；另一個則是現實批判的世界，也就是他不能自已，奮筆疾書的當代中國評論。這兩個世界相對獨立，但並非完全隔絕，彼此之間不時會出現微妙甚至強烈的互動。換而言之，他這兩個世界在弱冠之初就已經決定下來，此後雖然逐步擴大和深化，卻始終穩定，再也沒有發生根本變化。這很重要，因為很早就找到安身立命之地無疑是他能夠獲得巨大成就的一個主要原因。

現在讓我進一步解釋以上的看法。要了解余先生的人生如何形成，最可靠的線索無疑是他最後發表的著作《余英時回憶錄》。[1]這本自述為我們詳細剖析了他早年的三個時期，即潛山時期、動亂時期和香港時期。由於抗日戰爭，他的童年和少年時代（一九三七—一九四六）是在穩定但閉塞的安徽潛山官莊鄉度過，雖然夙慧早顯，但所接受的大體上只限於傳統教育，見聞自也十分有限。至於他的青年時代（一九四六—一九五〇）則剛好碰上國共內戰，所以被迫輾轉於安慶、南京、北平、瀋陽、上海等地之間，飽受兵荒馬亂之苦，以及學生運動和各種思想的衝擊，其間雖然曾經在瀋陽短暫入讀中正大學，然後又讀過半年燕京大學，但由於時局劇烈動盪，自然不可能潛心用功，思想上更是無所適從，因此人格、才智也都不可能穩定發展。

接著，他在一九五〇年元旦從北京到香港探親，其後戲劇性地選擇回到香港定居，那可以說是他一生的轉捩點，[2]因為在隨後五年（一九五〇—一九五五）間他的境遇就和以前完全不一樣了，那也就成為奠定他一生基礎的時期。首先，這是他成年之後初次得嚐家庭的溫暖，並且能夠在一個雖然艱苦卻相當穩定的環境中成長。其次，他父親余協中是知名的西洋史教授，而且和新亞書院創辦人錢賓四先生相熟。因此到香港之後不久，他就進了新亞書院，成為這位當代大儒最器重，也最悉心培育的入室弟子。從師生兩方面看，那都可謂難得的相遇和緣分。當時的新亞書院雖然處於極度困窘的時期，卻有強大的理念在背後支撐，所以不久之後就因為得到耶魯大學的雅禮協會援助而穩定下來，並且進一步開辦新亞研究所，使得他的學業能夠拾級而上，不致中斷。第三，同樣重要，但往往為人忽略——其實是不大為人所知的，則是在此五年間他並非長日埋首故紙堆中，而還有無窮精力去涉獵大量西方歷史、社會學、政治學著作，同時探索新思想、寫文章、出書、辦報、編雜誌、搞出版社，成為一位最活躍的年輕文化人。當時他不但和友聯出版社以及《中國學生周報》、《民主評論》、《自由中國》、《人生》、《自由陣線》、《祖國周刊》等五六份刊物有相當密切的關係，而且更曾經和朋友一道創辦高原出版社和不定期的《海瀾》雜誌。[3]

這樣，就在這五年間，他日後的兩個世界便逐漸建立起來了：中國歷史研究的世界是在新亞書院以內，錢夫子的循循善誘之下形成；當代中國批判的世界則是通過自發學習，

1 余英時，《余英時回憶錄》（臺北：允晨文化公司，二〇一八，以下簡稱《回憶錄》）。

2 他自己強調，此是決定自己一生的關鍵時刻。見前引《回憶錄》，頁九二—九八。

3 有關他這一段重要經歷見前引《回憶錄》，頁一一七—一四七。

以及他和所謂「中國自由派知識人匯聚而成的社群」[4]的相互碰撞、激發而形成。前者是學術性、思辨性的，後者是社會性、活動性的，兩者之間是互補而又互相促進的。

二、五〇年代香港的世界

我自己也是在五〇年代香港成長，而且時間比他長了幾乎一倍（一九四九－一九五八），所以很熟悉那個非常特殊的環境。整體而言，香港此時的處境可謂風雲突變，內外交困：第二次世界大戰剛結束未久，它的經濟尚在掙扎復原，而大陸遽然變色，大批難民湧入，人口在五年間（一九四五－一九五〇）從五十萬驟增至二百二十萬，這對社會整體所帶來的巨大壓力以及所產生的混亂可想而知；更何況，這個沒有任何自然資源，面積僅三四十公里見方的城市還要同時承受各種巨大外力的擠壓。在此情況下它不但維持穩定，還能夠緩慢發展，那委實是個奇跡，英國殖民統治手腕之高明亦於斯可見。

所謂外力，首先就是剛剛成立的新中國。它有足夠力量可以隨時收回香港，卻願意讓它維持現狀，主要是為了留下一個對外貿易的窗口，這在一九五〇年六月（那正是英時兄最後決定留在香港之際）韓戰爆發之後尤其重要；但即使如此，它自然也要在市民之間大力宣揚愛國思想，以吸引優秀學生回國參加建設。英國人既要維護其統治權威，卻又不能夠得罪中國，首先就得對大量走私活動視而不見，也就是必須頂住美國的壓力，對聯合國的戰略物資禁運決議陽奉陰違，同時也不能過分壓制左派工會和報章的活動。

另一個外力則是退守臺灣的國民政府，它和流亡到香港的政治人物和知識分子有千絲萬縷關係，所以能夠通過他們所辦的報刊（其中最重要的是《香港時報》）來影響輿論，以及通過所派遣的特工來挑動逃港難民的反共情緒，這甚至曾經在一九五六年釀成須得出動軍隊來平息的巨大暴動。所以英國人一方面要利用他們來抗衡中共的輿論和影響力，卻又不能過分縱容他們，而要維持一個相當微妙的政治平衡。

最後，英國的盟友美國也是一股外力，因為這位「老大哥」同樣有自己的利益和盤算。它一方面不斷催迫香港政府堵塞中國輸入戰略物資的渠道，另一方面還有更長遠的戰略目標。就政治而言，那是在國共兩黨以外培植所謂「第三勢力」；就文化而言，則是大力資助教育和出版活動，以培植自由民主理念來對抗共產主義，這對於希望長期維持其殖民統治的英國人來說，自然是底子裡相當尷尬不滿，表面上則顯得無所謂甚至樂觀其成的事情。而這正就是當時流亡到香港的知識分子何以在謀生不暇之際，居然還能夠發展出一個蓬勃活躍文化社群的基本原因。例如，崇基、新亞、聯合這三所中國人自己開辦的書

4 見前引《回憶錄》，頁一二四。

院，亦即日後香港中文大學的前身，最初都是得到多個美國「非政府」組織例如紐約的中國基督教聯合會、雅禮協會，還有亞洲基金會、孟氏教育基金會等的大力支持，這才能夠立足和發展的。亞洲基金會所直接和間接資助的，並不止於上面提到的許多與英時兄有關的雜誌和出版社，而還有《人人文學》、《大學生活》、《自由學人》、《現代學術季刊》等文藝性和學術性刊物；大量翻譯成中文的西方文學、歷史學和政治思想書籍；以及許多中國流亡學者的著作，諸如唐君毅的《人文精神之重建》、牟宗三的《認識心之批判》、錢穆的《人生十論》、勞思光的《康德知識論要義》等等，它們影響廣泛，到現在都還留在我的書架上。

所以，對英時兄而言，五〇年代香港有無比重要性，因為他的兩個世界正就是在那個非常特殊的環境中孕育出來。而從此看來，美國當時所推行的文化戰略無疑是極其成功的，像余英時這位傑出年輕學人的成長，正就是其最突出的例子。當然，資助教育文化還只是這個戰略的前半，它的後半則在於和美國鼓勵移民以及提倡多元文化的立國精神相銜接。英時兄後來通過哈佛燕京學社的資助去美國進修，至終在劍橋的優良學術環境安頓下來，發展成為拳拳服膺於西方自由理念並且有巨大影響力的華裔歷史學家，那才是這個戰略所結出來的最美好果實。他的名言「我在哪裡，中國文化就在哪裡」好像非常自豪而獨特，其實也不過是美國眾多移民那種「四海為家」精神的表現而已。

三、穩定有序的人生

在一九五五年到了劍橋之後，英時兄的事業可謂一帆風順，一往無前，此後碰到的唯一挫折，便是一九七三～七五年回到中文大學擔任新亞書院校長那一段經歷了。當時他由於主持負責大學改制的工作小組而飽受攻擊和非議，心理大受創傷，從而堅定了返回美國執教的決心。這在當時看來非常之不幸，其實也不盡然。因為無論從個人志趣或者日後事業發展的角度來看，回到美國東岸的常春藤盟校從事研究和教學，對英時兄而言恐怕都遠勝於耗費大量精力去領導一所新成立的學府。而且，此問題背後還有另一層曲折：他赴美之初本來與恩師賓四先生有訪問完畢或學成之後返回新亞任教之約，此後錢先生雖然離開新亞，而新亞又併入了中文大學，但他是極重情誼之人，所以在七〇年代應邀出任新亞書院校長，其實仍然頗有踐約味道；此外中大創校校長李卓敏對他盛意拳拳，當也是希望能夠動之以情，把他留下作為繼任人。因此，無論他的私衷和本意如何，去留都將成為艱難抉擇。然而，工作小組事件所帶來的巨大打擊和傷害卻一舉為他清償所有人情欠負，從而在無形中完全消解了去留問題。這樣看來，那一段長達兩三年的痛苦經歷也的確可謂焉知非福了。[5]

那麼，在他長達一個甲子的學術生涯（一九六一－二〇二一）之中，余英時的兩個世界究竟是如何發展的呢？相信今後有關這個問題的討論必然很多，我要在這裡提出來的，仍然只是一個框架，一個粗略的看法而已。英時兄基本上是一位相當保守的人，人生觀、世界觀既然已經在五〇年代確立，此後就再也沒有劇烈變動，而只有緩慢、逐步的發展。然而，他那兩個世界的發展歷程卻並不一樣。簡而言之，他歷史研究的世界是通過不斷吸收各種西方學術觀念，以及深入發掘、梳理中國史料，而逐步變得更寬闊、豐富和深入；至於他當代中國批判的世界，則是從堅定而沒有變動的基本觀念出發，來對不斷變化的時局作出回應，它雖然有逐步激化的趨勢，但基本形態則是不變的。以下我們提出這兩個世界的重要節點，來說明它們進程的概略。

四、歷史研究的世界

我們先談歷史研究的世界。英時兄關注的歷史問題很多，但始終以中國思想史為核心，大體上未曾超出這範疇之外，所以其著作的題材相當集中，這當是受了西方學術高度專業化的影響，那和他的老師錢賓四先生，或者年紀比他長一輩的饒宗頤、何炳棣等名學者都大不一樣。[6]至於上面所說，他視野的擴展和研究的深化，則可以從他下列四部有代表性的著作看出來。

首先，他的《中國知識階層史論》（一九八〇）可謂早期的代表作，由他在一九五六至一九七九年間所發表的四篇早期論文組成。[7]雖然「知識階層」這個觀念來自西方，書中又反駁了一位西方學者的論點，但此書幾乎全部是建築在傳統資料的考據、梳理、分析、討論之上，因此可以視為從傳統向現代史學轉移的開端。至於不到十年之後出版的《中國近世宗教倫理與商人精神》（一九八七）則開宗明義宣稱，其出發點就是韋伯著名的新教倫理與資本主義萌芽之間關係的論題。[8]事實上，此書的核心便是要通過歷史考察來質疑韋伯「儒家不可能導致資本主義在中國出現的論斷」。[9]所以，無論就問題意識或

5 此問題的詳細討論見陳方正，〈相遇於命運的樞紐——談余英時、新亞書院與中文大學〉，《明報月刊》二〇二一年九月號，頁二四—二六。

6 何炳棣與余英時的人生經歷非常相似，但何先生的學術研究卻橫跨社會史、史前史、思想史三個迥然不同的領域，甚至其還是以西洋史作為開端，這其中緣故我們不在此討論。

7 余英時，《中國知識階層史論（古代篇）》（臺北：聯經出版公司，一九八〇）。

8 余英時，《中國近世宗教倫理與商人精神》（臺北：聯經出版公司，一九八七）。

9 見前引《中國近世宗教倫理與商人精神》，頁六七—七一。

者方法而言，它都可謂積極趨向和融入西方學術主流之舉，但似乎亦正因此而引起了相當的爭議。

至於他的晚年鉅著《朱熹的歷史世界：宋代士大夫政治文化的研究》（二〇〇三），[10]則是積聚畢生功力之作。它有三個特點。第一，是返本歸源，雖然也偶一涉及，卻不再亟亟於援引西方觀念和方法。第二，是打破學者歷來以「經」也就是「道」為思想史核心或主要題材的慣例（其實這不僅僅限於當代，傳統所謂「學案」亦是如此），而將思想和政治兩者放在同一層面結合起來討論，從而闡發內聖與外王這兩者之間不可分割的密切關係。這無疑是個創舉，對當代新儒家所產生的衝擊尤其巨大。第三，他以過千頁、將近七十萬字篇幅，環繞一個中心議題來作細緻研究和立說。如此宏大的統一與有機結構在中國史學著作中可謂極其罕見，應該承認是個創舉。正所謂知丘罪丘皆以《春秋》，我想後世對余先生的評價，毫無疑問，也必將以此為衡量標準了。

當然，他歷史研究的「收官之作」是最後發表的《論天人之際：中國古代思想起源試探》（二〇一四），那也同樣重要。[11]《朱熹的歷史世界》是宏大中見細密，此書則深邃中見曲折。它應用西方學術中的「薩滿信仰」和「軸心突破」這兩個核心觀念來窮探中國古代哲學思想起源和發展過程，亦即「天人合一」觀念從原始巫文化的「降神」逐步演變為孔、孟、荀、老、莊等抽象與個人化哲學思想的詳細歷程。在中國思想史上，「天人合一」是個最重要的核心觀念，歷來論述文字多如恆河沙數，但能夠通過歷史資料，詳細而確切地闡明它最初的起源，以及其與各個演變階段中意義之關係者，當以此書為首。

我曾經在一篇隨筆中說：中國史學向來忌諱標新立異，而英時兄那本有關朱熹的鉅著《朱熹的歷史世界》和傳統觀念大相逕庭，他的嚴格與深入論證雖然令同行難以反駁，但是否能得其心悅誠服則尚未易言。[12] 想不到我這些外行人的外行話居然也能得他肯首，被視為知言。這樣看來，他的名聲雖大，但他的歷史世界之被中國史學界真正接受，恐怕卻仍需假以時日吧。

10 余英時，《朱熹的歷史世界：宋代士大夫政治文化的研究》（臺北：允晨文化公司，二〇〇三）。與此鉅著密切相關的還有余英時，《宋明理學與政治文化》（臺北：允晨文化公司，二〇〇四），它本是《朱熹的歷史世界》一書的「緒說」，但因篇幅太長，故此抽出來獨立成書，另加上最後一章以作結尾。

11 余英時，《論天人之際：中國古代思想起源試探》（臺北：聯經出版公司，二〇一四）。

12 陳方正，〈陳方正的書單〉，《南方周末》（廣州）二〇一〇年九月二十九日。

五、當代中國批判的世界

英時兄的歷史研究是理智的、知識性的世界，至於他的當代中國批判則是感性的、發自肺腑的世界。我這樣說絕非意味他的批判不講道理，而是說它以自由民主作為普世價值這個理念固定不變，不容置疑，一切皆從此出發，而背後的原始動力則以感情為主。他這種情懷自年青時代就已經定型，後來則更由於時事的衝擊而繼續發展甚至激化。這可以從他對於中國的改革開放、六四事件和經濟起飛這三件大事的反應看出來。

七〇年代末的改革開放是當代中國的一個轉捩點，自此它走上一條與從前迥然不同，以追求經濟發展為目標的道路，整個中國社會也因此出現了嶄新氣象。大多數海外知識分子都因此而興奮莫名，爭相回國參觀和交流。英時兄卻很冷靜，他回大陸唯一的一趟是一九七八年帶領美國「漢代研究代表團」到西北考察。此行他感慨繫之，腦際縈迴丁令威化鶴歸來的故事，心頭泛起「城郭如故人民非」的詩句，但敦煌詩作「一彎殘月渡流沙，訪古歸來興倍賒。留得鄉音皤卻鬢，不知何處是吾家」則披露了心情的底蘊：此行興致索然，更沒有歸家感覺。[13]六四事件爆發之後他悲憤莫名，在題為〈待從頭，收拾舊山河〉的文章中斷言：「從一部中國史來看，二十世紀是最混亂，最黑暗的時代」，比之五胡亂華、五代十國、蒙古入主都更糟糕，而知識分子的邊緣化，以及邊緣人物之佔據中心，則是當代中國的特徵，因此「二十一世紀的中國不太可能有光輝前景」。[14]他祝賀老師錢賓四先生九十大壽的詩句「避地難求三戶楚，占天曾說十年秦。河間格義心如故，伏壁藏經世已新」說得比較委婉，[15]但底子裡和上面的判斷並沒有基本分別。

進入二十一世紀之後，中國經濟起飛，寖寖然成為世界第二大經濟體，人民生活大幅改善，科技經貿的發展也逼近西方世界，使得國人和海外華人倍感自豪；而與此同時，英美兩國的政治生態丕變，美國的兩黨對壘更令國家嚴重撕裂，因此他們的學者和評論家都開始為「自由民主體制」（liberal democratic order）本身的深層缺陷而擔憂。然而，這些變化似乎也都沒有觸動英時兄的批判世界，沒有能夠使他重新估量和分析自己歷來對於自由主義和當代中國的判斷。過去十餘年間臺灣和香港的群眾運動風起雲湧，他就此在報章、雜誌上發表了大量談話、議論，這些我都不曾仔細閱讀。但他的言論備受關注，傳播極廣，我因此也粗知大略，從中得到的印象是，他的中國觀、世界觀即使在內心深處有微妙變化，也從來不曾影響他的立場，最少不曾形諸文字。統而言之，他的西方普世價值觀

13 余英時，《文化評論與中國情懷》（臺北：允晨文化公司，一九九三），頁三七六—三七八。
14 余英時，〈待從頭，收拾舊山河〉，《二十一世紀》第二期（一九九〇），頁五—七。
15 該詩他親筆題於前引《回憶錄》的扉頁，可見是有述懷意義的。

或曰自由主義信仰非常堅定，是不可能為現實政治發展所動搖的。的確，沒有如此堅定的、近乎宗教般的信仰作為支撐，實難以想像他的當代中國批判世界如何能夠屹立數十年不變。

我十分慚愧，在英時兄生前從來沒有和他認真討論過彼此對於中國問題的看法，其中原委可以借用他談到張光直政治取向時的話來解釋（雖然我本人和張光直的取向也不相同）：「我們早就清楚彼此的分歧所在，但從不曾發生過政治爭辯，這是因為我們都沒有捲入實際的政治活動……我一向尊重個人思想和信仰的自由，因此從來不想用論辯來說服異己者。」他跟著的幾句話更重要：「我對於自己所思所信也只能看作是一種可以不斷修改的價值系統，而不是人人必須接受的絕對真理。不過這一價值取向則使我無法認同中共『一黨專政』的統治。」[16]這無疑就是他政治態度的最後表白，也是他那個批判世界高度穩定性之由來的最佳解釋了。

六、結語

對於中國來說，二十世紀是個天翻地覆的大變革時代，在其中每個人的命運都會由於際遇和個人選擇而大不相同。英時兄是幸運的，在早年一段狂飆激流般的經歷之後，他得以脫離漩渦，安身立命於美國東岸的常春藤盟校，成就了他在歷史研究世界中的大業。然而，正如在他時常引用的那個佛經故事一樣，他又自覺有如「嘗僑居是鄉」的那隻鸚鵡，不忍見神州的山林大火，雖然明知其不可，也還覺得必須沾濕羽毛去撲救，遂又生出了他那當代中國批判的世界。至於這是否真能感動天神為他滅火，或者此劫難最後到底應當如何消解，則他但求心之所安，是不再去詳細追問的了。[17]英時兄，願你在普林斯頓好好安息，我們將永遠懷念你，為你的歷史研究，為你對中國文化的熱愛，更為你堅定不移的信仰。我們深信，真摯的信仰縱然表面上千差萬別，至終仍將殊途同歸。

二〇二一年重陽前於用廬

16 見前引《回憶錄》，頁二二〇。

17 見前引《文化評論與中國情懷》，頁三七九。

●後記：

此原為在聯經出版公司所主辦的余英時紀念論壇（二〇二一年九月四日）上的講稿，經整理發表於《二十一世紀》（香港）第一八七期（二〇二一年十月），嗣再經大幅度修訂和補充。

（原載《古今論衡》第三十七期，二〇二一年十二月）

悼念余英時先生

李歐梵

中央研究院院士。曾任美國哈佛大學中國文學教授，現為香港中文大學冼為堅中國文化講座教授。

幾天前突然傳來余英時先生在睡夢中去逝的消息，我悲痛萬分，不知如何反應。抬頭看見二十年前余先生送給我和子玉結婚的賀詩，是他親自揮毫從美國寄來的，把我們二人的名字故意放了進去。這一個珍貴的小禮物可以象徵余先生夫婦對我們夫婦的眷顧。

我不是余先生的弟子，也高攀不上，但和很多人一樣，我讀過不少余先生的著作，並在課堂上用作教材，他在學術界的地位和影響，有目共睹。我之所以接受本刊編者的邀約寫這一篇短文，乃出自我對這位學術界大師由衷的尊敬。據聞林毓生教授——也是研究中國近代思想史的著名學者——曾經說過：余先生是中國近代史上自黃宗羲以來最有貢獻的思想家，更有不少學者把他和胡適相提並論。我對於余先生的敬佩之心，也出之於此。至少在我這一代研究中國文化史和思想史的學者中，還沒有任何人可以望其項背。余先生的學識淵博，任意馳騁於三千年歷史之中，從上古「天人之際」到兩漢的生死觀，到宋朝儒家的朱熹世界，到明清的方以智、戴震、章學誠，直到民國時期的胡適和陳寅恪；更遑論他對重要課題如「士」、商人、和現代知識分子的研究和關切。浩如煙海的史料，他手到擒來。而更令我佩服的是，他不忘關注西方史學思想大師如 Collingwood 和 Toynbee、歷史學家如 Morton White，以及當代重要哲學家如 W. Quine 和 Charles Taylor 等人的著作，就差沒有討論當代文化理論（不過還是寫了一篇批判「後現代」文化理論受科學的影響的長文）。關於余先生在學術上的成就，早已有各類專書研究，包括慶賀他九十歲壽辰的一本厚厚的論文集，《如沐春風：余英時教授的為學與處世》（臺北：聯經，二〇一九年），不必我在此贅言。

晚年最關心的兩大課題

不過我還是感激余先生在中國現代文學研究領域對我的開導和啟發。在學術上和余先生結緣，出自我們對於胡適的文學觀以及對於五四新文化運動的不同詮釋，一九九四年在捷克布拉格舉行的紀念五四的學術討論會上，我的偏見立時受到余先生當場指正，後來他寫了一篇洋洋灑灑的長文：〈文藝復興乎？啟蒙運動乎？——一個史學家對五四運動的反思〉（收載余英時：《重尋胡適歷程》增訂版，臺北：中央研究院／聯經，二〇一四年），不但澄清了關於五四運動的眾多爭論，而且力斥將「愛國主義連結到啟蒙運動是何其荒謬的事」，並重新肯定胡適所走的自由主義的道路才是正途，然而對於自由和民主的追求，至今還是一個尚未達成的目標。而我一向批評胡適的文學觀和白話詩太過淺顯。其實余先生最看重的還是「國學」，他不只一次提到：五四知識分子——特別是胡適——在「反傳統」的同時，也注重「整理國故」，在中央研究院的一次院士會議上他特別發表一篇演講，題曰「什麼是國事」，仔細探討國學的現代意義，後來改寫成一篇長文：〈「國學」與中國人文研究〉，（收於《人文與民主》，臺北：時報出版，二〇一〇年），我認為這是他晚年最關心的兩個大課題。我在課堂上講五四運動，就把余先生這篇文章作為討論題目。

然而，余先生的觀點（特別是他的政治立場），也遭到不少攻擊，余先生非但不怕爭論，而且歡迎不同的意見，何況真理愈辯愈明，只有嚴肅的爭論才會使學術研究更上一層樓，余先生何樂而不為？據我所知，他對於大陸學界的批評毫不在意，而且歡迎海峽兩岸學者到普林斯頓造訪，多年前我在美國任教時，就曾帶過兩位年輕學者到他的寓所訪問。記得他有一次在電話中說：「如果你們再來看我，我也可以多活幾歲！」惟我遷居香港後竟言而無信的失約了，好在老友鄭培凱登門造訪多次，代我問候並補過。余先生平易近人，諄諄善誘，對年輕一代的學人似乎特別照顧。他的《回憶錄》就是根據廣州的李懷宇先生到他的寓所數次訪問長談整理出來的。這幾天我重新細讀，發現不少前所未聞的細節，字裡行間也藏有沉思。令我感觸最深的是余先生親手抄寫自己一九八五年作的一首舊詩（乃四首之一）〈壽錢賓四師九十〉，最後兩句是：「愧負當時傳法意，唯餘短髮報長春」，師生情誼，躍然紙上；落款是：「二十一世紀戊戌回憶舊事敬錄之，潛山八十八歲叟余英時」，我初讀時沒有注意，這次重讀，感受良深。重抄此詩當在二〇一八年，落款特別註明「二十一世紀戊戌」，指的當然是十九世紀末康梁的戊戌變法（一八九八）一百二十周年紀念，「回憶舊事」又豈止念舊，當有家國情懷的胸襟。余先生自稱「八十八歲老叟」，三年後他也仙逝了，享年九十一歲，較他的恩師錢穆先生（一八九五—一九九〇）在世上少活了四年，可幸的是避過了世界末日般的瘟疫之災，如今當和賓四先生在天堂敘舊，逍遙去也。（附註：二〇〇六年余先生得到美國國會圖書館選出的最高榮譽的Kluge人文學科傑出成就獎，我為此寫了一篇恭賀的文章，在《亞洲週刊》刊出後，余先生特別誇獎，在長途電話中說，他最喜歡我描寫他個性的四個字：「逍遙自在」，這才是最高的心靈境界。）

一代偉人，逍遙自在

余先生的弟子和朋友們都知道，余先生夫婦不用電腦，家裡只有電話和傳真，據培凱兄說，余先生過世後，余師母連電話也切斷了，可能是為了避免各方媒體騷擾，不得清淨。余師母一向對我和妻子照顧有加，我本來想打電話向她致哀，但只好寫信；本來想用手寫以示尊敬，然而又覺得自己的書法毫無功力，字跡不整，力不從心；只好用電腦打字寫了幾句慰問的話，打印出來，也詞不達意。我在信中說：「余先生是一代偉人，逍遙自在，想早已把世事看開了，不必後人為他歌功頌德。您更是朋友間少見的豁達女性，必會節哀，照常自由自在的生活。不聽電話最好，只有這樣才得到心靈的清淨。」簽名的時候，我的手有點發抖。

既然覺得文字是多餘的（包括這篇文章），於是我情不自禁地打開音響系統，選了一首巴哈的《無伴奏大提琴組曲》中的一段，用來祭奠余先生在天之靈。也不知道他是否喜歡，但余師母也是一位音樂愛好者，對於我這個突兀的舉動，希望她不介意。

（原載《明報月刊》第五十六卷第九期，二〇二一年九月）

同事五年　友誼長存
——悼念英時

孫康宜

中央研究院院士。曾任美國普林斯頓大學葛斯德東方圖書館館長、耶魯大學首任Malcolm G. Chace'56東亞語言文學講座教授。

七月二十七日，Monica（英時的妻子陳淑平）才打電話來問候家常，並說他們一切都好。八月四日傍晚我卻突然收到幾個朋友傳來的一則新聞，說余英時教授已於八月一日去世，並已下葬。這個消息實在令人難以置信。於是我立刻撥個電話給Monica，但很久都沒人接。接著我就打電話給臺灣的好友黃進興（他是英時的得意門生，目前為中央研究院副院長），從他那兒才得知，原來Monica剛在一個半小時之前打電話給他，證實英時已於八月一日早晨在睡夢中安詳辭世，享年九十一。於是，我立刻發了一封傳真函給Monica，請她節哀，同時也寄出一張慰問卡給她。

余英時離開耶魯出於偶然

初次與英時和Monica結緣，始於一九八二年的秋季。回想起來，那年我剛從普林斯頓來到耶魯大學執教，既年輕又缺乏經驗，如果不是英時夫婦的不斷鼓勵，而且經常在緊要關頭助我一臂之力，我絕對無法順利地得到耶魯的「終身職」（tenure）。當時英時已是知名的學術泰斗，一人跨兩系，他不但是歷史系的講座教授，也是我們東亞語文系的資深教授成員，所以我屢次向他請教有關學術上的問題，也經常鼓勵我的學生們到歷史系去選修他的課。我的博士生蘇源熙（Haun Saussy，目前已是芝加哥大學的比較文學講座教授）

就曾上過英時教授有關宋明理學的課，受益良深。

記得當時英時很喜歡聊天，Monica又是個廚藝的拿手，所以我們兩家人很快就成為無話不談的好友了。當時東亞語文系的系主任是主教日本文學的Edwin McClellan教授（我們喊他作Ed），他與妻子Rachel最欣賞英時和Monica，以為他們是最有智慧和幽默感的一對文化人。Ed曾經告訴我，有一次他們兩對夫婦一同從波士頓乘Amtrak火車到紐黑文，一路上有說有笑，天南地北地聊天，覺得有生之日，從沒如此開心過。

那真是個快樂幸福的年代。然而一九八七年的春天，英時卻突然宣布，說他已在耶魯教了十年書（從一九七七年到一九八七年），但由於個人因素的考慮，他決定要接受普林斯頓大學的聘請，預備轉去普大教書。對於這事，我和我的耶魯同事們都有一種複雜的反應。我們相信，在遊說英時的過程中，普林斯頓的校方人士一定是苦心積慮，曾經花過一番心力的，否則英時絕不會輕易作出這樣的決定。後來我們才知道，英時早於一年前，在赴普林斯頓的途中，就已經寫過一首詩，特意抒發他此次個人抉擇之艱難。首先，該詩的首句標明了普大一事的偶然性：「招隱林園事偶然」。那就是說，英時從來沒想過要「跳槽」，但偶然間來自普林斯頓的這個「招隱」的感召力實在太大了，終於贏得了他的心，使得他無法拒絕普大。所以詩中又說道：「榆城終負十年緣」，表明他不得不離開榆城（即紐黑文）的傷感。後來英時在離開耶魯之前，還特意把這首詩抄送給我和欽次，每回我們抬頭欣賞他的毛筆字和詩，都有一種說不出的感慨。

當時英時給系主任Ed的臨別禮物就是他親自抄錄唐代詩人張繼〈楓橋夜泊〉的一幅書法：

月落烏啼霜滿天，江楓漁火對愁眠。
姑蘇城外寒山寺，夜半鐘聲到客船。

原來張繼這詩是日本人最喜歡的一首唐詩，所以Ed（作為日本文學的講座教授）特別珍惜英時的這份禮物。其實，更重要的是，他很重視英時的這份友誼。必須一提，後來二〇〇九年Ed去世後，耶魯東亞語文系決定將英時的這幅字交給我個人收藏。（記得我當時還特別寫信給Monica和英時，向他們報告此事）。總之，能得到英時這幅寶貴的字，讓我特別感到驚喜，因為它不但增添了我的「潛學齋」之收藏，而且讓我在朝夕面對它時，會聯想起兩個前輩學者之間的友誼，以及他們曾經給予我的恩惠。

耐心解答難題

其實自從一九八七年英時夫婦離開紐黑文之後，我們從未和他們失去聯絡。首先，我們有幾次都特地到普林斯頓去探望他們，尤其欣賞他們那個座落在密林深處的房子。而且，多年來Monica和我們總是不斷地互相打電話，也經常發送傳真（他們不用電腦），所以在我們心中，他們好像從未搬走。至於有關研究方面的問題，我有時也會請教英時，他總是很耐心地解答我的難題，甚至傳來古籍的原始資料。記得二〇〇一年，有一次我問他有關蘇氏兄弟的詩歌考證問題，沒想到一個鐘頭不到Monica就傳來了英時的回覆，令我佩服得五體投地：

康宜：

原典出蘇轍《欒城後集》卷三。東坡未有全詩，只此二句，我改「端合」為「今已」。

英時

此外，英時也經常寄來他的文章和新出版的書籍，每回看見他在扉頁上的題字和簽名，我們都特別高興。他一向對我們的稱呼是：「康宜、欽次兩位老友」。

「學而時習之」工程拖延終成遺憾

其實，不僅我們和英時夫婦的友誼長存，許多耶魯人也一直難忘英時教授對耶魯大學的巨大貢獻。正好二〇一七年秋季，耶魯大學有一個嶄新的住宿學院剛建成，名叫Pauli Murray College。該住宿學院的院長（Head）就是我的同事呂立亭（Tina Lu），她是教明清文學的講座教授，她特別佩服英時的才學和為人，也希望這個新住宿學院的學生們能效法英時教授那種「學而時習之」的精神。所以，呂立亭就託我向英時請求，問他是否能為耶魯學生們寫一幅「學而時習之」的書法，將來可以請專家將英時的字刻在木頭上，並展現於學院裡一個突出的地點，以便激勵學生們。

果然英時立即答應了我們的請求，幾天後就寄來「學而時習之」的書法，而且還準備了幾個不同的書法版本，由我們自由選擇採用。同時，我們也通過黃進興夫婦的幫忙，從臺灣的德富基金會那兒得到了一筆頗為可觀的資助金，心想這個工程很快就可以開動了。但沒料到，校方處理工程的程序極其繁瑣，加上由於疫情的關係，這個「學而時習之」的工程就一直被拖延下來，目前還處於起步的階段。

八月四日深夜，我發給呂立亭一封電子函，向她通知英時去世的消息。可想而知，接信後呂立亭很是傷感。她尤其對該工程的一再拖延，感到十分遺憾。雖然我們一直在與時間競賽，但還是太遲了。可惜英時教授已經走了，他看不到「學而時習之」的最後成果了。

但我相信，英時一生最看重友誼，當他知道耶魯人依然如此眷念他，又如此珍視他的墨寶時，他已經感到很滿足了。

（原載《明報月刊》第五十六卷第九期，二〇二一年九月）

我與指導教授余英時相處的個人回憶

田浩（Hoyt Cleveland Tillman）／著

曾任美國亞利桑那州立大學國際語言文化學院教授、臺灣大學歷史系客座教授、北京大學中國古代史研究中心兼職研究員，現為亞利桑那州立大學歷史系榮譽教授。

王千瑀／譯

現為臺北市立大學特殊教育學系碩士班語言治療組碩士生。

當漢學研究中心邀請我為《漢學研究通訊》寫些關於我對余英時教授的個人回憶時，我決定加以分享的理由是，這將作為我主要的中國史學導師過世之後，平復我內心空缺的一步。除此之外，這些回憶或許可以為其他人已充分描繪的余教授形象增添註腳。畢竟讀者能自行決定我的個人回憶是否能加深他們對余教授的了解。

正如余教授有次來到亞利桑那州立大學演講時，晚上在我家對我說過的話，「貴人」曾在他生命中的關鍵時刻提供幫助，幫忙他克服看似不可逾越的障礙——一九五〇年代中期，亞洲協會駐香港代表 James Ivy 為他提供擔保，美國駐香港總領事館才核發給他作為「無國籍人士」進入哈佛大學的特殊簽證。在此之前，臺北的國民政府拒絕他的中華民國護照申請，以阻礙其簽證申請程序。據說臺灣的一名「國安官員」斷言，若是余先生到了美國，將會激烈地批評國民政府，因為那位國安官員認為他對民主的興趣代表他屬於批判政府的「第三勢力」。儘管最終獲得此一特殊簽證，謹慎的美國領事館仍只核發給余教授一次性的入境簽證，若他在美國境外旅行，簽證就會失效。除此之外，他每年都必須重新續簽。就是這樣的一個特殊簽證，使得余教授每年都得親自到波士頓的聯邦辦公室申請續簽，工作人員必須在更新簽證之前，仔細研究並詢問他的情況。直到他取得美國綠卡之後，才得以出國，而臺北則是他在一九七一年夏天出國旅遊首要拜訪的地方之一。那時余教授不但已經是哈佛大學教授，他的學術研究也被證明與國民黨國安官員對「左翼激進分子」的預想大不相同，臺灣那些曾經誤解余教授的人，也不再如此反感於他對民主與自由的奉獻，他支持民主的立場，最後更在臺灣獲得高度尊崇。

余教授和史華慈（Benjamin I. Schwartz）教授不僅是我在哈佛兩位中國史學的主要導師，更是我在學術和職業生涯中的重要「貴人」。他們不但在我攻讀哈佛東亞學碩士（一九六八—一九七〇）和歷史與東亞語言博士（一九七一—一九七六）期間指導我，還共同說服亞利桑那州立大學聘請我擔任他們新設立的「前近代中國文化史」教職。我自一九七六年開始至二〇一九年為止都在此服務。如果沒有這兩位導師，我不會在我的研究所及職業生涯中獲得成功。由於我在別處已經寫過我的研究所時期與余教授的回憶，所以我會隨機性地從不同的時期和情況提供各種觀察和評論，希望能讓讀者從這些場合中我所見過的余教授，具象化他的身影。

做為父親是余教授的首要之務。其中一個令我印象深刻的畫面，是某一晚他曾邀請我和我的妻子宓聯卿（Cristina）去他家，為了幫他的二女兒 Judy 所舉辦的小型家庭慶生會。當她媽媽拿出蛋糕，接著余教授點燃蠟燭，在女兒沒有注意到的情況下，屈膝幫他女兒吹熄蠟燭。那是多麼令人感動的一幕，他以溫柔的父親關懷增加了女兒的自信心，而非強調他為她的付出。

余教授對家庭的重視也表現在他對我的兩個孩子的關照上。例如，在我一九七六年獲得博士學位之後，他開始用書法為學生個別量身創作詩篇，儘管他從未回溯這樣的習俗，並未以一首詩慶賀我的畢業以及第一個學術職位，但他主動寫了兩首遠具意義的詩。當他得知我的兒媳吳玉華被診斷出患有淋巴癌第四期時，他為她寫了一首詩，她將詩裱貼在自家牆上，以鼓勵自己用紀律和職業道德來克服癌症。她在臺灣的醫生告知，她的癌症已經到了末期，應該把後事安排妥當。但令醫生驚訝的是，她告訴醫生她至少要活著看到五歲的兒子上大學。現在，她的兒子正在亞利桑那州立大學讀大四；雖然這些年來她必須接受幾次額外的化療，但她仍然堅持規律運動和節制飲食等等，且持續積極參與 HOPE 癌症希望基金會，一個在臺灣支持病人與癌症搏鬥的團體。

當我的女兒田梅（Margaret Tillman）出生時，余教授替她取了這個中文名字；而當她高中畢業時，他送她一副寫著「創新益智，修業強身」的對聯，以激勵她在加州大學柏克萊分校的大學生活。當她在柏克萊師事葉文心教授並獲得博士學位之後，她將博士論文修改並擴充成一本專書手稿。有次我和余教授通話時提到她的手稿，余教授非常感興趣，且認為她的題目深具重要性，因此她寄了一份手稿給余教授。當此書 *Raising China's Revolutionaries: Modernizing Childhood for Cosmopolitan Nationalists and Liberated Comrades, 1920s–1950s* 在哥倫比亞大學出版社準備出版時，她邀請余教授在封底寫些推薦語，以下是他對該書的背書：「自晚清以來，中國的革命派和改革派普遍認為，中國的現代化必須從現代童年的建立開始。因此，從一九三〇年代到一九五〇年代，在兒童教育的領域裡提出並發展了各式各樣的想法和制度。本書建立在作者全面深入研究大量的檔案資料和其他一手史料的基礎上，以及她做為學齡前兒童曾親自體驗中國教育系統的個人經歷，嚴謹而生動地描述這段重要的歷史發展。」

余教授為我的兒媳和女兒所寫的東西展現了他對父母角色的重視。甚至當我還是研究生時，我和妻子準備迎來我們的兒子田亮（Hoyt Langston Tillman），對於我最初提出比較朱熹和托馬斯·阿奎納（Thomas Aquinas）的哲學系統裡對心的概念為研究主題，他感到震驚。當時余教授喚醒我做為一個負責任的父親的義務，他勸我選擇一個更可行而且能在合理時間內完成的論文題目。

余教授為我寫的三篇不同序言，包括了我對朱熹研究的三個漸進版本，除了*Confucian Discourse and Chu Hsi's Ascendancy*的序言，他還為中文版《朱熹的思維世界》撰寫新的序言，因為他意識到中文版涵蓋的內容遠比英文版多了很多，而且他對我在學習上的進展也印象深刻。接下來，我完成了《朱熹的思維世界》增訂版。[1]起初他向我表明

1 *Confucian Discourse and Chu Hsi's Ascendancy*（Honolulu: University of Hawaii Press, 1992）。《朱熹的思維世界》（臺北：允晨文化公司，一九九六；西安：陝西師大出版社，二〇〇二）。《朱熹的思維世界》增訂版

不會再寫其他序言，因為他已經為我的朱熹研究寫了兩篇序言了。然而，當我機智地傳給他新增加的章節時，其中包含對其作品的討論，他又寫了第三篇序言。這篇序言對讀者來說特別有幫助，因為他提供了對於我們的觀點不同之處的看法，我也將這本關於朱熹的著作獻給余教授。當江蘇人民出版社決定再次重印我的《朱熹的思維世界》（預訂明年再版）時，我又增加了一篇新序以為更新，並回應余教授於其二〇〇九年版序言所表達之關切。我在今年七月將序言稿件寄給他一閱，余教授則是回電告訴我，他對此一序言（我回應他先前關切的部分）沒有意見。當我得知余教授於八月一日過世之後，我更加感受到他為人之體貼，在其過世前數日特別將其表示贊同的意見告訴我。先前他還曾為我的另一本關於朱熹及其同時代人的書《旁觀朱子學》寫了封底推薦語。[2]從另一方面來看，余教授對家庭和人際關係的重視反映在他更廣闊的視野之中。多年後他提醒我，他一直認為比起學術生涯等等，人更重要。或許印證此言的一個恰當例子，是他在一九八九年的北京鎮壓天安門事件後接待流亡知識分子。在主要是 John Elliot 先生的經濟援助下，普林斯頓大學和余教授接濟了在追求民主的示威抗議中發揮重要作用的一些知識分子，他們在生活的劇烈轉變之下需要一些喘息和時間。一九九〇年春天的某個晚上，余教授邀請他們共進晚餐，同時也邀請我作陪客。我對余教授為他們安排或所做的一連串事情感到驚訝，例如有一位學者在租賃的公寓裡養了一隻狗——儘管租約明確禁止在公寓裡養寵物，因此余教授不得不在這位學者和房東之間進行調解和談判。有鑑於他對行政事務的厭惡，他仍然付出這麼多的時間和精力來幫助這些流亡者處理日常生活中的瑣碎細節，此舉確實令人印象深刻。

我腦海中另一個例子是我在二〇〇九年十二月與余教授的互動。那時我飛到紐澤西的紐華克自由國際機場，打算接著租車開往他在普林斯頓的家。當時我的任務是交給他《文化與歷史的追索：余英時教授八秩壽慶論文集》的初版，[3]那是我編輯了許多他過去的學生論文而成的。我急於將書送到他手上，並在一週後前往臺北擔任七個月由國科會贊助的臺灣大學訪問教授，因此我沒能依循往常出門前檢視氣象預報的習慣。當我的班機抵達紐華克時，當地已經在下雪了，因此我只能先開車到距離機場不遠、在普林斯頓以北約五十英哩的大嫂家，再打電話給余教授。自從三十三年前我還是哈佛研究生以來，我就沒有在雪地裡開過車，因此我雅不願在下這麼大雪的晚上嘗試開車到普林斯頓。隔天我再次打電

（臺北：允晨文化公司，二〇〇八；南京：江蘇人民出版社，二〇〇九）。

2《旁觀朱子學》（上海：華東師大出版社，二〇一一）。

3 田浩（Hoyt Tillman）編，《文化與歷史的追索：余英時教授八秩壽慶論文集》（臺北：聯經出版公司，二〇〇九）。

話給余教授。在普林斯頓以南六十英哩處的佛森城，「東北風暴」（一場向東北海岸移動的暴風雪）導致當地積雪高達二十五點七英寸（六十五公分），於是余教授請了普林斯頓的專業司機來接我，希望能開車載我到他位於普林斯頓鎮外圍的家。儘管這位司機平時會載余教授至紐華克機場搭乘國際班機，但這次的暴風雪大到連他都不敢在這種情況下開車，因此司機拒絕了。余教授告訴我，他其實正在讀聯經出版公司剛快遞給他的書了，他對這本書感到滿意。令他特別驚訝的是，附錄還列出了他最為完整的出版清單，他說他已經忘記了許多他早期在香港出版的著作。在他的職業生涯中，他從未寫過傳統的履歷。（很難想像會有其他學者曾經像這樣連續被密西根大學、哈佛大學、耶魯大學、普林斯頓大學聘請任教，卻沒有一份正式的學術出版清單。這些學校的學者們讀夠了余教授大多以中文寫就的作品，因此邀請他至他們的學校任職。更有甚者，他在耶魯大學和普林斯頓大學還被授予了講座教授的特殊榮譽。所有這一切都證明了他在學術界的獨特性。）在我們愉快的談話結束之時，他告訴我，既然他已經有了這本書，而且我們也有了如此愉快的對話，那麼一旦我買到機票，就應該盡快飛回亞利桑那。機場當然在暴風雪期間關閉了，許多航班也被取消。幸運的是，我能夠搭乘原定航班回到亞利桑那，接著在一週後依照原計畫飛往臺北。

余教授多年來從不慶祝也不提及其生日，因為他的母親在生產時去世了。身為一個中國人，他比較重視農曆的日子，而且相對應的西曆日期每年都會變化，所以他總是隨意地設定西曆生日。為了方便起見，他後來普遍使用一月二十二日做為他的生日。我第一次聽到余教授提到他的生日是在一九九三年，當時我們都在洛杉磯參加會議。在會議開始的前一晚，他和余夫人邀請我在當地一家餐廳共進晚餐時，偶然提及當天是他的生日。二十多年後當我在臺灣做研究時，有一天黃進興邀請我和妻子吃晚餐，我提到這是余教授的生日，於是黃進興馬上傳簡訊給余教授和幾個他以前的學生，因此就成了一個契機。直到那時我才意識到，他很少透露自己的生日——即使對於之前與他關係更為密切、相處時間更長久的學生也是如此。之後我還發現了一個更大的驚喜，當哥倫比亞大學出版社的編輯通知我，我為余教授編輯的英文版 *The Religious Ethic and Mercantile Spirit in Early Modern China* 將從二〇二一年一月中延遲到二月才出版，而根據原本規劃的時程，我早先已經通知余教授這本書將做為他的生日禮物，在一月二十二日交到他手中。當我後來告知日期更動時，他不僅表示延遲不會造成任何影響，更令我驚訝的是，他還表示新的出版日期更接近他的實際生日——儘管他從未與他人說過這件事。這樣的例子顯現出其低調與隨和，特別是與他自己有關之事。

在討論古代或當代學術議題時，余教授總是更加投入其中。我確實記得他最高興或最興奮地與我交流，正是當他討論學術問題之時。譬如當他接受難得的邀請為朱熹文集撰寫序言後，我非常震驚他變得如此全神貫注於朱熹研究。在他設法遵循出版社的篇幅長度限制之前，他實際上已經寫了三篇廣泛的序言，而他對此的熱情延續至將三篇序言修訂成兩卷本的《朱熹的歷史世界》。在此過程中，他多次打電話與我討論對於朱熹和其同時代人的觀點，我才有幸聽到他對此一主題的熱情，而這也是他過去數十年來刻意避開的話題。這讓我想起了一九七一年的某個夏天晚上，他帶我去拜訪他的導師錢穆教授，因為當時我正在讀錢教授的《朱子新學案》，正好想問他幾個問題。猶記我當時驚嘆地看著錢教授如何回憶和引用他腦海中的文本段落，就像翻書一樣。錢教授甚至用朱熹的名言作卷軸，裝飾他位於東吳大學校園的家中公共空間。幾十年後，當聽聞余教授對朱熹的熱情之後，我省悟到這兩位學者共同分享著深厚的歷史研究與考證學傳統；而且他們兩人長期以來都對關於朱熹的抽象化哲學研究抱持批判態度。然而，就像錢教授一樣，余教授在退休後將注意力轉向產出有重大意義的朱熹歷史研究和專書。

我對余教授最鮮明的記憶是和他一起工作，當時他請我編輯他的書《中國近世宗教倫理與商人精神》的一份英文譯稿。[4]幸運的是，*The Religious Ethic and Mercantile Spirit in Early Modern China* 能及時問世，[5]好讓他欣賞。我將永遠珍惜這些身為他的學生，以及最終他稱我為學弟的回憶。

（原載《漢學研究通訊》第四十卷第四期，二〇二一年十一月）

---

4 余英時，《中國近世宗教倫理與商人精神》（臺北：聯經出版公司，一九八七）。

5 *The Religious Ethic and Mercantile Spirit in Early Modern China*（New York: Columbia University Press,2021）, trans. by Yim-tze Kwong, ed. by Hoyt Cleveland Tillman.

余思余念
——悼余先生英時

江青

著名作家、舞者、導演、演員，1967年獲金馬獎最佳女主角獎，曾任教於美國加州柏克萊大學、紐約亨特大學、瑞典舞蹈學院以及北京舞蹈學院。

不敢相信、不忍相信、其實是不願相信余先生英時遠行了！相信他走得安穩，在睡夢中行遠。相信現在余先生睡在那裡，父母就在那裡，家就在那裡，中國就在那裡！更相信那個自由民主的歸宿地原本是他畢生追尋的夢鄉！

八月五日清晨獲得消息如五雷轟頂，強制自己定下神從瑞典給余太太陳淑平打電話，幾次都無人接聽，相信言語此時完全失去了作用也毫無意義，只能託我的表弟妹利平從紐約送上一盆花聊表心心念念！想到五年前，我的貼心朋友高友工去世，他們從普林斯頓送了一盆紫色的薰衣草和一雙可以加熱的保暖襪給我，花店卡片上居然署名：友工送！看到這盆花我立刻給體貼入微、充滿人性關懷的伉儷打電話致謝：「謝謝天上送來的花，天使送來的溫暖襪！」

以天下為己任

我和余氏伉儷相識整三十年了，一九九一年臺灣時報文化出版社出版了我的第一本書《江青的往時・往事・往思》，在高友工授意下，我鼓足勇氣給余英時教授伉儷送去。余先生與友工在普林斯頓同事、哈佛大學同學，都師從楊聯陞教授，私交甚篤。記得我送書時還邀請了淑平一周後來紐約看我編舞的大都會歌劇院《圖蘭朵》，怎料當天中午，接到余先生電話：「淑平不舒服今天不能來了，抱歉，她要我打電話跟妳講一聲。」原來淑平是被我的書「害慘」，好幾晚連著看書她沒有睡覺，搞得她暈暈乎乎。我只好喊：「罪過！」從此我和他們伉儷結緣，我既無膽更無識，不自量力地去介紹余先生的學術天地，只是高山仰止的讀過他的一些著作，聽他深入淺出的談天論地。這裡只能平實的記下我印象較深的幾件往事，表達余思余念。

由於余先生一貫對文化、社會有關懷有擔當的寬厚胸襟和情懷，雖然他是一位純粹的學者，但一貫以天下為己任，一直強調人要有精神追求，一定要建立價值體系思想觀。他在訪談中經常談良知的問題：知識人有沒有尊嚴，就是你自己對於自己良知是不是肯負責任！良知的驅使，使他義無反顧地幫助了一批一九八九年流亡的知識人度過最艱難、徬徨的歲月，余先生找普林斯頓大學校董、中國傳統書畫收藏家約翰．艾略（John Elliott），談「有家歸不得」的民族悲劇，談時憂心忡忡、情不自禁當場淚下。約翰告訴我他被震動，平時他對余先生的學問、人格敬仰且推崇，在這樣的情境下，約翰義不容辭的慨捐一百萬美金，助余先生「養士」——創立「普林斯頓中國學社」，成立了另類的學術研究中心。我和學社有些人相知，他們中國情結濃厚根扎得深，根越深越經不起移植。余先生無異的是這批流亡者，在艱難、徬徨歲月的支柱、榜樣，以身作則讓他們真正感悟到什麼是傳統中國文人的溫良恭儉讓，是他們的典範和精神導師。

古道熱腸

一九九二年，瑞典斯德哥爾摩大學東方語言學院中文系召開國際學術研討會「國家、社會、個人」，余先生和夫人應邀出席。我邀得他們會前來我家晚餐，目的是讓劉再復單獨跟余先生談申請研究經費一事。余先生因憂心海外漢學研究式微，成為「蔣經國國際學術交流基金會」主要推手，這是一個面向國際的學術獎助機構，以「純學術」定位，且以「中華文化」作為研究核心，劉再復是知名流亡學者，完全符合申請條件。不料再復提出來要我也邀請李澤厚來參加。當日余氏伉儷先到我家，我坦誠相告今晚實在是有要事相求，請他們諒解我的「別有用心」。頗感意外的是整個晚上李澤厚目不轉睛地對著余先生一人唱「獨角戲」，根本沒有給再復講話的機會……。余先生對人寬容又寬厚，給他們兩位創造了這段六年「學緣」：劉再復在科羅拉多大學東亞系（University of Colorado at Boulder）擔任客座教授，李澤厚則在科羅拉多學院（Colorado College）做研究，近水樓臺他們合作了不少著作。

多年後，這件事引出一個尾巴，二〇一六年為慶祝《明報月刊》五十周年，編輯知道我跟余氏伉儷相識，託付我給余先生做個專訪，我欣然接受，並將專訪《中國必須回到文明的主流》納入《回望》一書中。後來，感到很有必要將我所認識的余氏伉儷寫一篇文章，就是《古道熱腸——我所認識的余英時陳淑平伉儷》（刊於《明報月刊》二〇一八年七月號），所謂以小見大，讓讀者可以感受到他們溫潤、溫暖發出來的人性光輝。

十多年來我出版了幾本書，有機會時會給余氏伉儷送去。他們為人正直熱情，興趣廣泛，我們在一起無拘無束閒談往事、個人經歷，回憶共同認識的朋友們，如果余先生有新書出版也會送我一冊，每次他們都會勉勵我要勤筆耕，有他們的鼓勵當然勵我志。寫完《古道熱腸》後，我覺得需請當事人先過目，意外的接到余先生電話，要我筆下留情，非要我把批評李澤厚的段落刪掉。我刪了又刪，幾次之後，余先生才勉為其難的通過我的「浮光掠影」一筆帶過。當然有機會讓余先生三番兩次改我的拙文，也是一大榮幸。

若愚大智

那天我為《明月》採訪了余先生後，講到友工身體欠恙令人擔憂，第二天余先生給友工撥了電話，兩個人天南地北愉快的聊了半個多小時，三天後友工作古。余先生悲傷之餘又感到欣慰，告訴我因為他們之間平時不常聯絡，尤其是退休之後。那天，大概是心有靈犀一點通罷，長談暢談似乎是在向老朋友話別。想來他們二位都一樣不拘小節，為人體貼、謙虛、隨和，但人生態度卻南轅北轍——高友工一輩子獨善其身，大智若愚；而余先生英時一輩子任重道遠，若愚大智。

友工是在家中走的，我得到噩耗後立馬聯繫余氏伉儷，普林斯頓大學校長室教務處發通告，為友工降半旗三天，以示悼念。高友工紀念會於二〇一七年春天在普大舉行，余氏伉儷參加了，還帶去了余先生早就寫就的輓聯「人奉高名非所取，天生清福不須脩。」好當面送給友工的姐姐。事後還特別囑咐我：「等友工墓地修好時不要忘了替我們獻上鮮花，燒掉複製的輓聯。」三年後友工墓地就緒，友工的忌日我備花去了紐約上州Syracuse橡木墓園，這是他自選的長眠之地：母親身旁。那天淒風苦雨，要點燃火燒輓聯幾乎是不可能完成的任務，結果等到深夜，風靜雨停還是做到了。現在知道余先生已經入土為安，長眠在普林斯頓父母身旁，跟友工一樣，做到了具有文化含意、不同意義上的「落葉歸根」！自由的靈魂好好安息吧！

把人情看得很重

去年席捲全球的新冠肺炎病毒噬掠大地，初期，瑞典不當的防疫政策，醫療設備的匱乏，導致極高的死亡率。兒子在一線當醫生，使我惶惶不可終日，只好集中精神、坐下來、靜下心、埋下頭，寫！「爾雅出版社」答應我在二〇二〇年慶祝出版社成立四十五周年時為我出版新著《我歌我唱》，想到這次要麻煩余先生了，於是寫：

淑平大姐、余先生英時：

二位安好！

我是喝了點酒，壯了膽、鼓足了勇氣寫這封信給你們。

想懇請余先生給書名「我歌我唱」題字，但想想也許這個要求有點過分，余先生年事已高，要做的事如此之多……

寄上書的目錄，余先生量力而行吧，千萬不要勉為其難，您的任何決定我都可以理解、接受。並請包涵我單刀直入的「魯莽」！

請保重，希望大家平平安安！

晚　江青

余家不用電郵，依靠郵局和傳真。我沒有傳真機，受疫情的影響瑞典郵政幾乎癱瘓。想到香港《明報月刊》時常登載余先生大作，於是煩請編輯葉國威幫忙傳信，第二天就接到淑平電話：「我跑腿上郵局寄，英時動手寫，我們分工合作。」

「那妳可以幫余先生磨墨呀！」

「哦——妳知道我從來是個不伺候人的人……」

我們在電話中聊了很久，也笑了很久。分工合作效果高——書名題簽很快完成，余先生怕誤事先傳真了題簽複印件，在旁手書：

爾雅　隱地先生　此件原稿已航寄，茲為傳真。二〇二〇・六・十一　余英時

正本準時空遞到爾雅，隱地寫信致謝，同時還贈書給余氏伉儷。前輩年事已高，為我的書如此費心盡力，能不心存感激？

中國傳統文化中的「人情」，余先生向來看得很重，雖然他在世界知識文化界德高望重，仍然帶著使命感的關懷文化、社會、時局，年輕學子去余家有如上廟堂，希望得到余先生指點，給我的印象他幾乎是有求必應，無論是流亡在外的知識人，或是來美國開會的兩岸三地學者前去拜訪，他家大門總是敞開著。有次我向余先生建議：出本專集，收羅他為他人出版寫的序和題簽，因為我看過不少篇余先生為學人和作家寫的序，可以感到他是認真對待，仔細看過後才下筆，為伸張正義、為弘揚文化，更多的是為需要他拔刀相助，不得不「仗義」為之。淑平常笑說：「我不是，但英時是個老好人，來者不拒……」如

今，老好人永遠睡了，天下能不同悲戚？

跟歷史上的人物接通心靈

為了重溫余先生的音容笑貌，領略他的風範，近幾天看了不少有關余先生訪談、悼念視頻，視頻像吸鐵石一樣牢牢地吸住我。其中讓我感動不已、不能自己的部分是蘇曉康對余先生的追思，他說：去「普林斯頓中國學社」一年多後，一九九三年出嚴重車禍，車禍中自己昏迷近一周，妻子傅莉面臨癱瘓重殘。他們能從精神崩潰和體能癱瘓中恢復，是靠了余氏伉儷物質和精神上前後八年的無私支持……說到「一言難盡、恩重如山」時，蘇曉康泣不成聲。之後，話鋒轉到追思余先生在人格上對他的影響，他說在車禍過後沒多久，余先生邀請蘇曉康到家中教他一種方法：去跟歷史上的人物接通心靈。中國人沒有宗教，但其實有其他的東西——一種活的生命。「你要去和歷史上這些優秀的人物接通心靈之後，你就在歷史長河上獲得了一種生命。這不只是知識，是一種精神性的東西，那是源源不斷的源頭活水，你會從那裡得到力量，然後你會變成為另外一個人。」蘇曉康掩面流淚地追思：「心善又待人真誠的淑平還每周兩次坐火車再叫計程車，到復健醫院探望傅莉，陪著我們夫婦一起哭泣，一個精神癱瘓的人，陪護著一個體能癱瘓的人，沒有他們兩個人，我們根本走不過來……」多年前我看了蘇曉康的《離魂歷劫自序》，嚴肅的剖析和自省能力使他退出社會上的喧囂與虛華，重新成為另一個蘇曉康，無疑是余先生居功至偉。

今年二月中，住在紐約的母親身體欠恙，我匆忙趕回探望，告訴了余家後，他們非常關心我母親的狀況，也擔心我一個人在紐約，獨來獨往探視母親會碰到歧視、欺負亞裔的「瘋」子，所以隔三差五的打電話來查問。我則關心他們打疫苗的事，因為余先生曾是老煙槍，多年前動了大手術，身體狀況特別需要小心謹慎。我弟弟在藥廠專研新藥、兒子是急診醫生，具備醫藥常識，於是轉告：快去打針為上策。結果，他們夫婦一起打了疫苗，淑平來電話：「我和英時都在診所打了針，頭一個告訴妳，免得妳整天在電話中囉哩囉嗦……」

「啊——太好了，等你們打完第二針後十四天，我來普林斯頓看你們。」

「天暖的時候我們可以在院子裡坐，我們家的花可漂亮了，室外安全些。」

遺憾的是這個願望沒有實現，因為醫生不准，認為余先生年高體弱不要冒險。

余家訂北美《世界日報》，我在周刊上時有文章發表，淑平常告訴我讀後感，還要加一句鼓勵：「英時要妳多寫文章！」

四月中旬母親陰曆大壽，虛歲整一百，中國人過九不過十，疫情當頭，只能夠用Zoom連結五湖四海的親朋好友們上線慶祝。前一天，在郵箱中收到余氏伉儷給我母親的生日賀卡要我轉交，卡上畢恭畢敬的稱江伯母，母親和他們年紀差距不那麼大，所以對我說：「怎麼敢當？」然後寫回卡致謝。談起來余先生不忘幽默：「我們是跟在友工後面叫妳母親伯母。」

現在想來余先生在生命逐漸衰退，淑平在擔心受累的時刻，還依舊不忘關懷我的日常生活。此情此景會是我心中永遠溫暖的陽光！

普林斯頓大學下半旗三天

五個月後母親身體基本康復，我惦念孫女，七月中旬又回到了瑞典。淑平打電話說：「已經習慣跟妳在電話中胡言亂語，又習慣性的撥了妳的號碼，林青霞的贈書三冊收到，替我們謝謝她，但妳的《食中作樂》怎麼還是遲遲不見？妳幾時回紐約？」「九月中，回紐約後去看你們，一定會帶上我做的余先生愛吃的鹽水雞肫。秋高氣爽，疫情也會較前穩定了，多好，真的多好！」

……

太突然的變故，太不真實的同時我又感到欣慰，余先生何等有大德、有大福，沒有久病纏身的痛苦、也沒有生離死別、天人永絕的痛楚，夢鄉中安祥的超渡去了無憂慮、無仇恨、無鬥爭、無硝煙、無謊言、無暴政的淨土！

淑平何等大智、通透，四天後余先生入土為安，事情安排得妥妥貼貼後，才向世人透露了這個令人痛惜、難以接受，而反響又如此巨大的消息。

余先生英時是位不平凡的人、有著極不平凡的人生，卻選擇了最平凡、最簡樸、最淡泊、最不打攪他人的方式圓滿了一生。乾乾淨淨！

剛才收到消息：普林斯頓大學從今日起（八月九日）在未來的三天降半旗，在大學最古老的East Pyne Hall（東長青樹樓）追悼前大學教授、美國國會圖書館Kluge Prize（克魯格獎）得主、著名歷史學家余英時先生（一九三〇—二〇二一）。看著這張降半旗照片，猛的憶起五年前的秋天淑平安慰我：「這三天普大在East Pyne Hall為友工下半旗，我每天都去校園走走看看想想，他真是有福之人，秋高氣爽陽光普照，旗迎風招展，飄動得就像友工，如此美好！」如今我在萬里之外，每天在林中想想看看走走，余先生真是福氣好，秋高氣爽陽光普照，大樹臨風佇立，寬大的樹蔭就像英時，如此大度！

（原載《明報月刊》第五十六卷第九期，二〇二一年九月）

敬悼余英時先生

周質平

美國普林斯頓大學東亞系榮休教授。曾任東吳大學中文系研究所教授、香港城市大學客座教授。

二〇二一年八月一日，國際知名史學家余英時先生在睡夢中溘然離世，走得如此安祥，如此一無牽掛。就如他在世時，受惠於他的人不知凡幾，但他卻從不麻煩任何人。余先生是一九八七年來普林斯頓大學工作的。過去三十四年來，我何其有幸，和余先生同在東亞系共事；二〇〇一年，余先生退休後，鄉居普鎮。給了我許多就近請益的機會，無論是學術上還是生活上，都給過我無數的指導和啟發。今天寫這篇悼念的文字，我的哀思和感念是不能盡述的。

就二十世紀中國的學術史而言，以一個身在海外的人文學者，影響卻能達到兩岸三地的學術界並參與一般社會議題的討論，這是極為罕見的。

影響由海外傳海內

一般來說，海外的中國文史學者，能夠在本專業裡有所建樹，已屬難能可貴，更何敢寄望將影響由海外傳海內。就如余先生在哈佛的業師楊聯陞，當年是公認的「漢學界第一人」，但在大陸、港、臺，除了業內人士，知道楊聯陞的，就不多了。

二〇一四年，余先生的著作在大陸廣受學界歡迎的時候，當道下令封禁，下架。這一「禮遇」是余著在大陸有市場、有影響的最好說明。一個沒有影響的作者是不勞當局如此大費周章下令封禁的。尤其值得一提的是，余先生一九四九年離開大陸之後，除一九七八年率美國漢代研究代表團在中國有過一個月的停留之外，再沒有回過國。所以，余先生在大陸的影響完全是在「本人缺席」的情況下形成的。這在晚近的中國學術史上，還找不到第二人。

余先生的影響起自上世紀七十年代的臺灣、香港，八十年代後進入中國大陸。最近，紙版著作雖遭封禁，但透過網路傳播，余英時至今是廣受中國學界尊敬的名字。

能以學術研究影響到現世政治

余先生的現世關懷，極能把握住「時代脈動」，如一九七六年在臺灣發表的〈反智論與中國政治傳統〉能恰合臺灣民主之初起，大陸文革的末期，改革開放已有了一些萌動的苗頭。余先生的老師錢穆的現世關懷則主要體現在對舊事物的維護上，如抗戰時期，回過頭去大力提倡孝悌忠信，真應了余先生在悼念錢穆文章〈一生為故國招魂〉中所說的「招魂」二字。如果說錢穆的現世關懷是為舊中國「招魂」，胡適是為新中國「催生」，那麼余先生既不「招魂」也不「催生」，他隔海靜觀，透過深刻的歷史研究，對當下的社會時局給出針砭。余先生是近世以來，能以學術研究影響到現世政治極少數的學者。

回港接受「真切活潑的刺激」

一九六二年三月一日，錢穆為余英時將來在學術上的發展計，勸其歸港：「弟（英時）有意治中國思想史方面，非在中國社會不斷有真切活潑之刺激，即只有專在書本方面文字方面求啟悟，此終是落了第二義。」（錢穆〈致余英時〉，《素書樓餘瀋》）這段話如果用在一九一七年胡適的身上，那毫無疑問是極正確的。胡適若不回國，而長留海外，至多不過是一個美國名校的「終身教授」，或是洋人眼裡，一個「傑出的漢學家」，絕成就不了日後「中國文藝復興之父」。

錢穆的這段話若用在一九四六年楊聯陞的身上，那就置楊於死地了。楊日後在哈佛成為「燕京講座教授」，美國漢學界的權威學者，全賴他學成之後滯留在美，而未束裝就道，成了「海歸」。余先生在悼念楊聯陞的文章中，也曾提到這一點：「如果他（楊）在一九四六年完成博士學位後立即回到中國，我可以斷言，他將和其他回國的人文社會科學的人才一樣，淹沒在中國的政治橫流之中。」余先生將楊聯陞決定留在美國這一點，認為是「漢學界的幸運，也是他個人學術生命的一大關鍵。」（余英時〈中國文化的海外媒介〉，《猶記風吹水上鱗》，臺北：三民，一九九一。）

錢穆勸余英時返港，一方面是為了履行余學成後回母校服務的宿約，這是另話。至於在學術研究上，少了中國社會「真切活潑的刺激」，終落「第二義」的這一說法，當然是極有見地，也是顛撲不破的。一個中國文史研究者長期居留海外，久不接「地氣」，其隔閡是難免的。然而由「真切活潑的刺激」所帶來人事的紛擾，也往往始料所不及。一九七三年，余先生回港任新亞學院校長兼中文大學副校長，這兩年的經歷並不愉快，他在一九七五年《論戴震與章學誠》的自序中說到香港那段經歷「是我平生最多紛擾的一段歲月。」這樣的「紛擾」對他的學術研究想必幫助並不大。（這段經歷參看陳方正：〈玉山高並兩峰寒——記余英時與楊振寧〉，《中國文化》，二〇一五年秋季號，第四十二期）

回到中文世界，給余先生「真切的刺激」是他發現自己的英文學術著作在亞洲影響之微。他在二〇一四年《歷史與思想》的新版〈自序〉中說：一九七一年夏，他初訪日本和臺北「發現我的英文專著和學報論文，在整個東方學界的同行中，根本無人問津。」在這個刺激之下，他「萌生了用中文著述的念頭。」這一轉變，套用他寫楊聯陞的那句話，是「漢學界的幸運，也是他個人學術生命的一大關鍵。」二〇〇一年，我寫了一篇祝賀余先生從普大榮休的短文，特別提到這一點：

余先生多年來在海外嚴肅的用中文發表學術著作。這不但提升了中文著作在海外的學術地位，同時也提升了海外中國研究的水平，打破了美國學界視中文著作為次等的偏見和歧視。余先生在這方面的貢獻是遍及整個漢學界的，受惠最深的是所有海外從事中國文史研究的中國學者。這點觀察和感受也許不是一般國內的學者所能深知。（周質平：〈常僑居是山，不忍見耳——余英時先生的中國情懷〉，《明報月刊》二〇〇一年六月號）

誠如余先生所說，既然在美國教書，「發表英文論著」是他「義不容辭的專業任務。」但此後他的論著基本上以中文為主，英文往往只是中文的縮略。在海外治中國文史的中國學者如果不能在文字上「由英返中」，他的研究成果很難走出學院專業的範圍。但英文著作也是海外學者的晉身之階，說得更直白一點，是「舉業文字」，也是「稻粱謀」，與「名山大業」、「洛陽紙貴」關係不大。余先生這一「由英返中」的轉變，使他的著作打破了中美空間的距離，使身在美國的余先生，著作的影響達於兩岸三地。

由於寫作文字的不同，寫作的內容風格也會有相應的轉變。一般來說，英文著作較偏於純學術，而中文寫作則更能揮灑自如，談的是歷史而關懷卻在當下。這種對當下的關懷才是余先生著作中最能激起海內外華人共鳴之所在，以學術研究為基底對文化現象，社會時局進行分析針砭的文字成了余先生上世紀七十年代以後寫作的重要內容。臺灣出版的《歷史與思想》（一九七六）、《中國思想傳統的現代詮釋》（一九八七）、《文化評論與中國情懷》（一九八八）、《中國文化與現代變遷》（一九九二）等等都屬此類。一九八七年，余先生的《士與中國文化》在大陸首發，接著各種專著、文集、作品系列大量發行，影響及於中國文史哲各個領域。

「以爭自由為己任」

一九五九年十月二十六日，錢穆有信致余英時，說到辦學辦事之艱難，引陸象山「宇宙間事即己分內事」，及朱子「古今無關門獨坐之聖賢」二語相期勉。這兩句話很能體現師生兩人對國事、天下事，事事關心的態度。師生兩人都不是「靜觀冥想」式的學者，而是有深刻社會關懷的知識人。長期以來，中國傳統的「士」到現代「知識人」的演變，以及知識分子在政治社會各方面所扮演的角色和功能，一直是余先生研究的重點。在中國大陸發行的第一本余著就是《士與中國文化》。在這一點上，余先生真可以說是發揚並光大了錢門「積極入世」的精神。余先生的社會關懷主要體現在對民主、自由、人權的維護和提倡上，他的看法和胡適是很接近的：民主是一種政治制度、生活方式，而自由、人權則是一個法律概念，是人人都應該享有的基本權利。

在《余英時回憶錄》中，他強調地指出「我一開始便認定『自由』是現代社會和個人所不能或缺的中心價值。」「爭取自由」成了余先生在學術研究之外，畢生的努力，而他的社會影響，也是在「以爭自由為己任」的奮鬥中而彰顯擴大。

余先生雖然離開了人世，但是他的思想和人格，會透過他宏富的著作繼續不斷地影響著一代又一代的知識人和史學研究者。

（原載《明報月刊》第五十六卷第九期，二〇二一年九月）

我們都是文化遺民

鄭培凱

曾任教於耶魯大學、臺灣大學等。曾任香港城市大學中國文化中心主任、香港非物質文化遺產諮詢委員會主席，現為中國民間藝術家協會香港分會主席、香港集古學社社長。

最後一次見到余先生，是二〇一九年的暮春，普林斯頓草長鶯飛的時節。每年春天，我們夫妻都會安排到普林斯頓大學開會，目的是專程探望余先生與師母陳淑平大姐。余家離大學校園不遠，沿著幾條蜿蜒的鄉村公路前行，轉折三五次，就看到鄉間小道旁邊，林木蔥鬱後面隱藏著一棟兩層樓的獨立屋。我們一般都是下午到達，跟余先生報告別來的情況，吃了淑平大姐準備的點心與水果，天南地北暢談一番，然後出外吃晚飯。早先幾年，我們還會選擇西餐館，在學校附近找一家高級餐廳吃頓大餐，我們三個點海鮮，余先生則點一客牛排。淑平大姐每次都說，他吃東西不挑剔，海鮮比較麻煩，他喜歡吃簡單的大塊肉。後來我們乾脆就去普林斯頓購物商場那家中餐館，固定叫幾道菜，一定有小籠包，有時吃紅燒蹄膀，有時是東坡肉，青菜是蒜蓉空心菜或清炒豆苗，還會叫個紅燒划水與清炒或乾燒大蝦，算是犒賞我們海鮮族人的偏好。

「我真沒想到能夠活到九十歲」

這次我們到了余家，照例還是淑平大姐來開門，余先生就隱在她身後，笑吟吟地說，進來吧。我們坐定了，余先生說，很高興你們又來看我，然後歎了一口氣，說：「我真沒想到能夠活到九十歲，到了這個年紀，還能看到你，真沒想到。」我聽的一愣，趕緊說，余先生看來身體好得很呢，百歲以上絕無問題，以後我們每年還要來看望你呢。他就說，上了年紀，看書比較容易累，出門也麻煩，你們來，總是高興的。我就說，在院子散散步，多動動，對身體好。不看書的時候，可以寫寫字，余先生字寫得好，每天寫寫字還可以練氣，增強體魄。我認識一家涇縣的宣紙廠，固定向他們買紙的，回去給你寄點好紙來。余先生就說，你上次寄來的一刀紙還有一大半呢，用不完的，不要寄了。我趁機就說，鄢秀最喜歡你送給她的字了，蒼勁有力，骨氣峻嶒，有空的時候可以給她再寫一幅。鄢秀在旁邊聽了偷笑，淑平大姐也笑，余先生不禁也笑出來，說她沒開口，你就幫著她要，可算是體貼入微了。一定寫，認真寫一幅。

再也沒想到，那次會面居然是我最後一次拜謁老師，而他見面隨口的感歎，竟然一語成讖。我們在二〇一九年底安排了第二年春天訪美的行程，還打算租一輛大一點的七人車，帶老師及淑平大姐到距離普林斯頓一個小時的德拉威爾河邊，憑弔革命戰爭期間華盛頓渡河的歷史遺跡，再到新希望古鎮去散散心。誰會想到，一場新冠瘟疫來襲，全球隔離抗疫，疫情過了一年半多還沒消停，所有遠遊的計劃都被迫取消。更沒想到，十天之前余先生竟然撒手人寰，永遠睡過去了。

題寫〈重過聖女祠〉的心境

在他離世前兩個星期，淑平大姐還打電話來，說余先生給鄒秀寫的字完成了，「很大的一幅，用心寫的。不過，署名的時候，把年份寫錯了，『辛丑』寫成了『乙酉』，變成了二〇〇五年，提早了十多年呢。英時說，寫錯了不好，再寫一幅吧。我看他有點累，就說，不要緊的，鄭培凱有辦法的。」我在電話這頭就說，沒有問題，我可以在後頭寫個跋，說明一下，還沾了老師的光。淑平大姐高興得很，說我去跟他說，你會在字幅後面題個跋，問題就解決了。我不禁想，老師為人寬厚，律己卻極嚴，題字出了小錯，就想重新寫過，不過，年紀大了，有點力不從心。我自告奮勇寫個跋，狗尾續貂一下，解除了老師筆誤的耿耿於懷，也算「有事弟子服其勞」吧。過了兩天，淑平大姐又打電話來，說自己去郵局寄快遞了，同時還有寫給香港另外兩位朋友的字，因為疫情，一直拖著沒去郵局，這次一併寄了，希望很快能夠收到。過了兩三天，我們收到了余先生的字，寫的是李商隱的〈重過聖女祠〉：「白石岩扉碧蘚滋，上清淪謫得歸遲。一春夢雨常飄瓦，盡日靈風不滿旗。萼綠華來無定所，杜蘭香去未移時。玉郎會此通仙籍，憶向天階問紫芝。」後面題署是「書奉鄒秀清賞」。

余先生題寫這首仙氣飄忽的李商隱，心中在想什麼呢？他答應給鄒秀寫幅字，一隔經年都沒提筆，卻時常在電話裡提到，說還沒想好寫什麼，想好了就下筆。余先生認真書寫贈字，有時會特地作詩，使用讓人汗顏的謙遜的字句，請人「兩正」，有時書寫舊作，也都考慮到受贈者的情況，即使是應酬之作，也十分應景。書寫李商隱的〈重過聖女祠〉，也一定與他當時的心境有關。最簡單的解讀，當然是藉詩美言幾句，提到萼綠華與杜蘭香都屬仙班，讓受贈者感到自己是謫落凡間的聖女，早晚還是會回歸仙籍的。然而再深一層解讀，就不是那麼簡單了，因為余先生學究天人，解詩的本領超逾一般古典文學專家，當然知道這首詩有自喻的性質。李商隱一共寫過三首聖女祠的詩，每一首都語出雙關，自喻「淪謫」凡世，等著掌管仙籍的「玉郎」，召回生長祥瑞紫芝的天庭。馮浩、張采田與汪辟疆疏解此詩，都說是李商隱感歎自己流落江湖，希望有朝一日能夠回到朝廷，施展抱負。余先生是現代知識人，當然與李商隱的期望不同，不會心存魏闕，到政治領域去施展抱負。但是，那種「處江湖之遠」的感覺，憂心中國文化前景的關懷，卻與這首詩的迷離悵惘，卻又永不言棄、九死而未悔的決心，有相通之處。

我想到老師在生前最後一個月，題寫這首詩，是不是已經窺知天機，知道自己快要飛升天庭了呢？在疫情嚴重之際，困居家中，不能接觸任何人來訪，心境應該是有點淒清的，正應了李商隱一詩的頸聯：「一春夢雨常飄瓦，盡日靈風不滿旗」。好在老師通達人情世故，洞察古今之變，對世事的看法比較超脫，即使最後斷絕了人際交往，相對寂寞，卻也博得了人生最後的清淨。

收到墨寶的第二天，淑平大姐打電話來，問收到「拋磚」的結果沒有？這是我們之間的「隱語」，我每次寫信給老師與大姐，總是用毛筆寫在宣紙信箋上，有一次還附上印的精美的空白信箋，以供余先生使用。大姐就說，又拋磚頭來了，想「引玉」是吧？於是，我寫字就成了「拋磚」，余先生寫字就是「引玉」。用她的話來說，就是我得拋好幾塊磚，才引得出一塊玉來。淑平大姐這次打電話，是說陳方正打了電話，說收到寫的字了，想來我們也應該收到，同時寄的嘛。我趕緊說收到了，還沒來得及寫信呢，鄢秀收到後雀躍不已，把墨寶收起來了，我還沒仔細看，就不知她藏到哪裡去了。大姐說，收到就放心了，疫情當中郵寄也變得不太可靠，好在是限時快遞，順利寄到就好。平時大姐總會問我，要不要跟老師說幾句話，我當然回答好極了，就聽到電話那頭，大聲呼喊，英時、英時，鄭培凱跟你講話，於是師生就會聊上一陣子。這次大姐沒問，我也怕余先生勞累，就沒提和他說話的要求，只是問他身體如何，大姐就說沒什麼變化，一切如常。我們互道珍重，就掛了電話，我也寫了一封謝函，稟告老師，接到墨寶的欣喜之情，並說明會在字幅後面寫個跋，說明書寫的日期是今年。

沒想到幾天之後，就傳來了噩耗，震驚之餘，撥了電話到余家，卻沒人接，只有嗡嗡之聲飄蕩在半個地球之間。我想，淑平大姐一定是關了電話，以免閒人干擾，同時摒除了媒體的無端騷擾。我們心想，過一段時間，讓師母傷逝的心情平靜之後，再設法聯絡。過了余先生頭七之後，突然接到淑平大姐的電話，我一時心情激動，悲從中來，哽咽的喊了聲姐姐，就說不下去了。大姐的聲音卻出奇的平靜，說收到你的信了。我想把信放到英時的墓前，讓他知道你跟他說的話。下次你們來的時候，可以到墓地去看看，墓地離我們家很近，就在校園盡頭那一帶。他的父母也葬在那裡，全家都團聚在一塊。說著說著，我們談話的氣氛活躍起來，就如平日話家常一樣，好像余先生還坐在沙發上，笑吟吟地，聽我們說著人間的事，超越了悲喜，只是家常。大姐說，他是睡過去的，十分安詳，去看他父母了，以後我們也都會上去團聚的，不過，上天之前，只要疫情控制了，我們還是先來普林斯頓，和你一道去余先生墓前祭奠，以表弟子的追思之情。

陳寅恪．遺民

我突然想到，三四十年前，我在紐約教書，每個星期還得開車四個多小時回哈佛，當中經過耶魯，幾乎每次都到余家聊天蹭飯，老師說他家就是驛站，隨時歡迎。有一年他寫陳寅恪晚年詩文釋證的文章，遭到大陸學者馮依北的批評，說他誤讀了陳寅恪的詩，闡釋的不對。余先生跟我說，你是寫詩的，你來看看，我解釋他寫給吳宓的詩，其中有句：

「留命任教加白眼，著書唯贊頌紅妝」，難道不是抱怨只能歌功頌德嗎？下面幾句的典故你都熟悉的：「鍾君點鬼行將及，湯子拋人轉更忙。為口東坡還自笑，老來事業未荒唐。」我說是的，說的是鍾嗣成的《錄鬼簿》、湯顯祖《牡丹亭》的「標目」，以及蘇東坡貶謫黃州寫的〈初到黃州〉一詩，感慨自己晚年的境遇不順，但在行將入木之前，還要做一番事業。他又指出陳寅恪讀《霜紅龕集》所寫的詩：「不生不死最堪傷，猶說扶餘海外王。同入興亡煩惱夢，霜紅一枕已滄桑。」寫的是傅山作為明遺民的感慨，而陳先生則是中國文化傳統的遺民，與二十世紀中國繼續不斷的革命，是格格不入的。我完全贊成余先生的解讀，同時靈光一閃，跟老師說，我們都是中國文化的遺民。

老師直直地看著我，許久沒有說話。

（原載《明報月刊》第五十六卷第九期，二〇二一年九月）

當余英時說「我在哪裡，哪裡就是中國」

蘇曉康

作家、記者。曾任民主中國陣線理事。現為《民主中國》雜誌社社長二〇〇二年春我們搬離普林斯頓，遷往德拉瓦，臨走前去余府告辭，老倆口拉我進去聊得戀戀不捨，余先生說：「我們是朋友，日後多回來看我們」，說著拿出一頁草稿說是「借宋代談中國傳統政治」，我問是朱熹嗎？他說是的，五十萬字已大致寫完，由臺北出繁體字本，三聯答應出簡體字本，余太太陳淑平在旁透露了一句：

「下一本書他也想好了。」

「什麼？」

「唐詩與佛教。」

我的天，真是好題目，也只有余英時寫得了這樣的書。

但是余先生又說：「我不去大陸，倒弄出神秘感來，到處打聽我……」又拿了一本大陸圍棋雜誌給我，說「我的文字就這麼可以傳進去。」上面有他一文借談日本圍棋文化而暗示大陸無道無精神不成氣候，寫得很好。

後來我和妻子傅莉在人生地不熟的德拉瓦新居「自我封閉」，生活中與熟人的牽繫只有來自普林斯頓小鎮的頻頻電話，那還是陳淑平，我跟她繼續聊人生、文學、掌故，也間或可以聽到余先生的一些零碎消息。

至今令我印象深刻的一件事，發生在二〇〇八年夏，陳淑平說《中國時報》要搞一個「余紀忠講座」，首場邀請余英時與楊振寧對談，余先生是二〇〇六年的克魯格（Kluge）

獎得主，楊振寧是一九五七年的諾貝爾物理學獎得主，但是陳淑平覺得很勉強，因為余先生正身體不適，最怕長途飛行。我便乘機說，跟那個人對談太跌份（指丟人），余先生婉辭了吧？可是她說余老闆哪是可以拒絕的？

我當然知道她的意思，因為二〇〇二年春余紀忠去世，余英時在一篇悼文中，第一次透露自己的家世，稱一九四六年他十幾歲時曾在瀋陽見過他這位「紀忠叔」，當時余紀忠任職在杜聿明東北保安司令長官部政治部，余英時自己的父親余協中，跟杜聿明是老朋友，時任長官部秘書長，還辦了一個東北中正大學，時值國共決戰的前夜，而杜聿明在遼瀋戰役敗給林彪，則是後半個世紀的定鍾之音，余英時可說身經這場改朝換代之慘烈變局，名副其實的一個逸民，竟逸出中國本土的大崩壞，先香港後美國經西方教育系統訓練成才；誰知那敗將杜聿明也有個女婿楊振寧，後來學成物理學教授，得了諾貝爾獎，於是竟可以再回去中國充當上賓，倒是余英時發誓不再踏上那塊土地。

更有趣的是，九〇年代他卻要在美國接待另一個東北人劉賓雁，比他大七、八歲，而一九四六年他在瀋陽余公館那會兒，劉已是中共的一個青年地下人員，接著時代變遷，劉賓雁批評中共而淪落為右派，勞改二十年後成大陸異議領袖，六四屠殺後竟到普林斯頓做訪問學者，成為余英時的客人。

回到那場講座，余英時夫婦還是飛去了臺北。我在網路上看到影片，觀眾並不知道余英時是帶病上場的，而他一演講完就起身離席，扔下楊振寧冷場在那裡，並無對談。這個影片，現在已經找不到了，估計也是非要隱蔽這種尷尬，然而這尷尬，是《中國時報》硬要撮合出來的，卻留下了余英時尖銳的應對之道，只有熟悉他的人才懂得，他卻是吊著點滴，在陳淑平的照料下飛回美國。

陳淑平後來跟我說，普大中國美術史專家方聞教授，被楊振寧拉回中國去享受「國家領導人待遇」（生活和保健方面），並以此來「誘降」余英時，遭到堅拒。方曾透露一個細節：中共要給楊振寧出「郵票」（把楊振寧的頭像變成郵票），楊竟然要求也印一張他和少婦妻子翁帆的合影郵票。雖然未知下文，但顯露其厚顏之極，我猜大約人至此境，知道自己已遭天下詬病者，會有某種「破罐破摔」的徹底，歷史上的奸臣權閹大抵如此吧？而余英時之「富貴不能淫」，便是一種氣節，他自己在筆下寫陳寅恪、王國維時反覆頌揚的，他也身體力行。

二〇一七年深秋，有人從國內帶來一套「余氏老宅」的照片給我，起初我想沖洗出來，寄給普鎮余府，出去找到最近一家洗印店，未料那裡的設備偏偏壞了，我也沒去再找一家。回家跟傅莉商量，她一聽就打斷我：「你去打擾余先生幹啥？他已經斷了回家的念頭。」原來，安徽潛山的余氏老宅，現已被當地改建為「余英時故居」，作為旅遊資源而整修裝潢一新，照片可見於故居正堂上高懸「五世同堂、七葉衍祥」匾額，乃乾隆御賜；

另有一間屋子上懸掛「余英時主臥室」字樣。

這就是余先生文墨中常常寫到的「潛山縣官莊鄉」，「在群山環抱之中，既貧困又閉塞，和外面的現代世界是完全隔離的。官莊沒有任何現代的設備，如電燈、自來水、汽車，人民過的仍然是原始的農村生活」，「我的八、九年鄉居使我相當徹底地生活在中國傳統文化之中，而由生活體驗中得來的直覺瞭解對我以後研究中國歷史與思想有很大的幫助。」

這廂中國也不斷派人赴美造訪余府，從安徽省地縣各級的父母官，到統戰人員，絡繹不絕，來盼迎余英時回鄉，光宗耀祖，以他重視「親情」的傳統觀念，不會拒人於門外，但是至今沒有人成功過。余英時離開中國後只回去過一次，即一九七八年與考古學家張光直參加一個考古團訪華，此後再也沒有回去。

他在中國看到了什麼？他似乎沒有留下文字，我僅只一次聽他說起，他回老家後發現，余家一族留在中國的後裔，竟然無人受過高等教育，言及此情，余先生的悲切，是我從未見過的，這種屈辱感，也只有世代書香門第才會有，更映照了什麼叫天變地荒。我不妨再引述另一位安徽籍旅美學人唐德剛的回國經歷，或可補充余英時的感受：

「發生在四十年前中國的『大饑，人相食』的史實，因為死人太多，每一個華裔家族，幾乎是沒有不受衝擊的。筆者本人便出身於一個農村大家族。我自己就有個親堂弟德謕全家餓死。我在一九七二年底取得簽證返蕪湖探母，曾詢及德謕。家人從老母以下都支吾其詞，不敢實告。八年之後我再次以交換教授身分返國授課，此時已是改革開放時期，言禁大開，鄉親乃告我德謕餓死實情。一時情難自持，竟伏案大哭。讀史數十年，初不知『大饑，人相食』的故事，竟亦發生在自己家庭中也？從德謕之死開始，我才知道幼年期在農村的玩伴小烏龜、小和尚、楊道士、小根子幾乎全部餓死……。」

這就是顧炎武說的「亡天下」，「乘桴浮於海」的知道真相，而仍然與此政權苟同者，比比皆是，余英時則再也不踏上那塊土地。現在他的名言「我在哪裡，哪裡就是中國」，已經響遍華文世界。

（原載「聯經思想空間」：網址 https://www.linking.vision/?p=2592）

余英時先生在哈佛學習的獨到之處

張鳳

北美華文作家協會紐英倫分會創會會長。曾任職美國哈佛大學燕京圖書館中文編目組。

自三十多年前，在趙如蘭、卞學鑽教授府上，得識余英時教授，就像在為《哈佛問學錄》前傳而慢慢蓄積材料，受到傳神鼓勵作傳余先生。[1]

余先生祖籍安徽，落戶潛山。其父之前，生活於窮鄉僻壤，家族是很普通的耕讀農家，明清時期都沒有出過舉人進士。

祖父是秀才，父親余協中以字行，原派名誼爽，更名誼達，排行第四，是么兒，生於一八九九年，光緒二十五年三月十一日卯時生，三歲喪父，從鄉下私塾到新式教育，先後受鼓勵在安慶、南京、北平讀中學至燕京大學歷史系畢業，論文是：〈劉知幾之史學〉，[2]陳垣——援庵指導。

余父留美科爾蓋特大學（Colgate）是一九二五年，一年得政治學碩士，繼而進哈佛大學攻讀博士，導師是阿瑟．施萊辛格（Arthur M. Schlesinger），其子是支持肯尼迪兄弟的小阿瑟—Jr.，婚配三十年的前妻Marian Cannon即費正清（John King Fairbank）太太費慰梅（Wilma Cannon）小三歲的妹妹，姊妹兩人是哈佛醫學院教授Walter Bradford Cannon的女兒。[3]小阿瑟是費正清的連襟。

研究從堯到毛貫通古今的余先生，[4]一九五五年受錢穆推薦任哈佛燕京訪問學者，余先生自己回憶：父親在科爾蓋特大學和哈佛都讀美國史。家裡是中小地主，收租不夠開銷，父親上學留學靠借錢和出賣部分田地，只讀了兩年，曾任北美中國學生月刊英文編輯，沒完成哈佛博士便回國，首件事便工作還債。曾任江蘇區長訓練所教務主任，及任教國立女師及暨南大學，擔任師範大學歷史史系教授兼主任。一九二九春接蔣廷黻棒子，在南開任歷史系系主任，主授西洋歷史，他和張韻清結婚。

余先生遂出生在天津，子寶生，號清遺，一九三〇年民國十九年農曆正月二十一日未時生。承祧其伯余誼光（讀高等警官學校積學病故），惜乎余母在一九三〇年一月二十二日生他幾小時難產而逝。

父親觸景思人，因傷心而轉安徽大學。亦曾任教復旦，又隨杜聿明去創辦東北中正大學。世界書局為其出《西洋通史》並有數十文章發表於《經世》、《晨報副刊》等，著有英文《美國婦女運動史》。

母親是大學士張英之後，清初世宗雍正朝宰相張廷玉後人，外祖父桐邑張氏候補道紳

1 見余先生致作者親筆信：這篇文字甚平實，我很喜歡。前天讀了您寫孫康宜教授，也很傳神，您的苦心，我是佩服和欣賞的……您的先生也請代問候。余英時　十二月十五日一九九四年。

2 篤親堂余氏宗譜卷十四余協中條目。

3 張鳳根據費正清，費慰梅 Wilma Cannon Fairbank 太太，及 Marian Cannon 英文原件個人考據。

4 據王汎森院士言。

言公，家中是二百多年的桐城相府，乃是民間說法，其實是內閣大學士。母親是長女才學德行俱優，生於光緒二十八年十二月初一，前聘桐邑韓氏未婚卒，[5]在文風鼎盛的桐城，受過良好古典文學教育，能文能詩能詞，余先生說曾尋獲《桐秀集》，[6]內有母親和姨母的作品，但在一九四五年後和舅家失聯。宗譜記有《穀香齋詩》一卷待梓，[7]母親顯赫的家世，其實對他並無影響。族親余誼密作品編成《疏園遺作集存》曾請其作序。表哥汪志天化名項子明，姪輩汪青之父，曾有威望官職早在北大地下黨。

抗日之時，蕭一山請其父任教的河南大學也隨之生變，繼往重慶昆明，任編譯經濟研究等……常犯胃病，家書得知母親吳氏故去欲返，歸鄉路已斷，留重慶與才慧雙修的尤亞賢結婚。余先生知外子黃紹光博士為哈佛化學核磁共振實驗室主任，欣然告知繼母曾在同系研究，後轉密歇根大學解剖系任研究員，與貝克（Baker）教授合作癌症論文。余父抗戰隨遠征軍深入緬印外交聯絡，待遇高可為初生的么兒添營養。後亦曾在新加坡南洋大學任教。

戰時跋山涉水，余父將其送官莊鄉老家金城村，西山大屋寄養，九年鄉居親識傳統。余英時一九七八年擔任美國漢代研究考察團團長訪中，在京除訪錢鍾書等人，還曾與養母張韻華姨及同父異母二弟余振時晤面，其隨母留住東城區北兵馬司胡同二十一—二十三號，是時大院已雜居，早以尤亞賢名義購得，後余先生助其弟二十年要回產權。[8]余父在其前往哈佛，一九五六年開始讀博士，即攜英華及母，以難民法案，由港移居劍橋博物館街一陣。[9]

蒙余先生詳告：在耶魯講學半年的錢穆先生，於一九六〇年三月春假，來哈佛燕京學社演講，講題「學與人」，就在哈佛燕京聚會廳Common Room，原掛慈禧像那間，是我主持哈佛中國文化工作坊經常的會場，錢先生演講由楊聯陞英譯。當年七月二十七日英時、英華兄弟父母、又同李田意、瞿同祖、楊聯陞、楊繆鉁、兒女楊恕立、楊德正，都到趙如蘭、卞學鐄尊府歡敘，有緣在趙教授家見到留下的簽名文獻：一九六〇年七月二十七

---

5 篤親堂余氏宗譜卷十四　余協中條目末。

6 余英時先生親自告知所尋。

7 篤親堂余氏宗譜卷十四　余協中條目末。

8 見青字所寫的《懷念表叔余英時》文章。

9 見《胡適日記》臺北：聯經二〇〇四版。一九五八年一月十六日日記中：「潛山余協中來訪，他是用Refugee Act（難民法案）來美國居留的，現居劍橋。」說起兒子余英時，說：「哈佛的朋友都說他了不得的聰明，前途無可限量。」胡適當時還對余父說龜兔賽跑寓言：「凡在歷史上有學術上大貢獻的人，都是有兔子的天才，加上烏龜的功力。如朱子、顧亭林、戴東原、錢大昕，皆是，單靠天才，是不夠的。」亦見《胡適自傳》北京：金城出版社二〇一三。

日（夏曆六月初四）各有千秋。

錢並與余英時一家到湖畔木屋歡聚，順道參觀美歐名校再返香港。其創辦的新亞研究所一九五五年獲哈佛燕京學社資助，[10]設獎學金添藏書，出版學報和論文，流露濃厚的義理人情。一九六六年錢穆得津貼撰述《朱子新學案》。耶魯雅禮學會再給了新亞大力協助。

余先生憶及一九五〇年初，赴港探親返程，火車滯留東莞石龍一夜，壯懷激烈思量。難過在於好像不顧父老弟幼。立即做決定跳下車花錢買黃牛票，回港。

余先生終至於蜚聲世界。小弟英華也才華煥發，獲密歇根大學博士，即執教中密歇根大學高升，後任印州巴特勒大學副校長，紐約州大布洛克波特校區校長，短任加州州立聖何塞大學校長。[11]余英時一九六二年哈佛畢業，也曾於密歇根執教四年，為父幕僚黃仁宇之考試委員，余弟子多名家：王汎森——亦蒙佳評拙作、黃進興、陳弱水、康樂、林富士、羅志田等。楊先生特別要求，余英時先生終返哈佛任教。余父最為快慰兄弟成就斐然。

據親友言，晚年尤亞賢由余英時、陳淑平伉儷送老。兩年前，還費力把父墓移到與繼母一起。二〇二一年八月四日中午余先生也葬於父親身邊。[12]

余先生在新亞書院五年無國籍流亡，為生命史上的關鍵時刻，受錢穆之薰陶讀章學誠、戴震，是他學術的敲門磚。[13]

看現代書，深刻談學術問題，似現身說法，引他入門。研究歷史客觀的實證和主觀的體會，均不可偏廢，出乎其外，又入乎其內，才能達到主客統一。好比讀了旁人描寫，即蘇東坡「不見廬山真面目，只緣身在此山中」；得親自入內，則是元遺山「畫圖臨出秦川景，親到長安有幾人」再說史學與時俱新，凡有生命力活的傳統，都必然是變動而開放。由各不同角度來觀察「橫看成嶺側成峰」。歷久彌新之真貌即客觀存在於八方的觀賞之中。

為尋求其思想體系發展脈絡，我在哈佛燕京圖書館曾作點探源的努力。後了然發現他在新亞時期，以「艾群」為筆名刊印：《近代文明的新趨勢》、《民主革命論》、《文明論衡》、《到思維之路》等。經他證實親言：「年輕時是沒什麼學力，雖賣文章吃飯，卻都寫自己相信的話，並不胡寫。」讀過泛黃舊書，益發珍視。

他初到哈佛。得識時年四十一歲、事業如日中天的哈佛燕京講座教授楊聯陞錘鍊，他的受益先於研究生前，訪學中冬月，寫了〈東漢政權之建立與士族大姓之關係〉送呈指

10 見哈佛燕京學社檔案。
11 見 Paul Yu 余英華英文原件。
12 見青字所寫的《懷念表叔余英時》文章。
13《論戴震章學誠》臺北：三民書局 一九九六。

正，這恰是楊先生早年研究過的。楊寫作評論把余先生首次帶進日本和西方漢學園地。

次年起，於哈佛求學、教學至一九七七年他舉家遷往康州橘鄉，在出任耶魯講座教授前，楊先生成為錢穆之後，塑造他個人學術生命之另一位宗匠，除了到密歇根及中大兩年，幾乎天天見面。他每立一說，先請楊先生過目，楊必從四面八方來攻其隙漏，使他養成論述盡可能自己先挑毛病，減少錯誤。[14]

追念他有二十二年生活重心在哈佛，從求學到成家立業，不論他在博物館街或碧山鎮的家，博斯屯Boylston樓哈佛燕京漢和圖書館東亞系……都留有溫馨的記憶。一九九〇年他對我說：「這是我第二故鄉，老師故去，一切都變得不同了。」

親見其導師時病的晚年，楊先生出身清華經濟，對史學的興趣超乎經濟學，修過陳寅恪、陶希聖的課，一九四六年得哈佛博士，先捧金飯碗考聯合國翻譯，後來成為哈佛首位華裔教授至榮退，曾在法國得大獎，在歐日港臺客座講學備受推崇，胡適在信中早稱他是最淵博的人。[15]

楊先生常玩笑說他：「帶藝投師。」出於對錢先生的尊重，任其自由發揮己見，從不質疑他的預設，批評和建議僅限立論根據。

余先生的喜好與老師同步，琴棋詩畫皆通。同門陸惠風回首東亞系舊址樓上是數學系，學生常來找圍棋對手拚殺。林海峰到紐約去，沈君山託付余先生加以照顧，在余家下棋余先生勝，不過後至海峰家下棋則輸。過去他還給《圍棋天地》寫文章，上了年歲除做學問外，就不再多傷自己的腦筋，只看別人下棋。他同門的學長趙如蘭，則記得他常搖頭晃腦唱京戲，聽說在麻將桌上也唱。他們與稍有誤解的張光直及李卉是乾親家。

除在哈佛論學外，他同淑平夫人，教養了兩千金。跟同門老同學普大高友工及耶魯孫康宜兩位教授師生感情密切，圈內談起余夫人也學歷史，臺大畢業，後攻語言，是教育家陳雪屏之千金，曾任教衛斯理和耶魯。譬如一九七九年春，淑平夫人與先生同受校方的委託，招待中國社科院代表團全體在家中晚餐。連客人帶本校的教授和研究生等大概不下七八十人。「這個自助餐是陳淑平費了三天功夫準備出來的。我們平時極少應酬，這樣的熱鬧在我們這真是空前絕後的一次。」余先生說：「我的夢，就是大家平平安安，想說什麼就說什麼……這樣的社會才是我的夢！美國給我最大的自由……他人跟我的看法一樣，我並不特別高興，每個人都應有自己的看法和觀點。」

他常與夫人散步聊天，笑說：我倆是最好朋友，尚友古人。朋友現在都離得遠，只能

14《猶記風吹水上鱗》：〈中國文化的海外媒介〉臺北：三民書局一九九一。

15 胡適之先生在一九五三年五月十五日給楊聯陞的信之推崇，《論學談詩二十年：胡適楊聯陞往來書札》，臺北：聯經出版，一九九八。

打打電話，最終還撥電話給香港中文大學的金耀基先生與陳方正先生，夫人相伴照顧實在智勇雙全令人欽敬。[16]他日日三到十小時工作，或長或短，已成習慣。因他寫讀和娛樂是結合的。不需要在人前證明自己的存在，沒寂寞感。

他一直關懷中國人的事，[17]也為他說的「文化是為生活而存在，不能顛倒，讓生活屈就」下了註腳。尚喜與師友詩文唱和。

一九六〇年錢穆即言其才性，為文似近歐陽，並「念弟深夜作文……弟求遠到，盼能力戒，心之所愛，無話不及……」愛之深亦曾不指名駁斥。但至老他仍焚膏繼晷寫作，不用電腦上網，與他只能靠書信電話傳真。他甚至有幾十小時不眠的記錄，曾於黎明回我的傳真，告以寫稿至清晨尚未入眠……實在震撼！

師友都清楚在討論時間以外，需待他返家晚餐小憩後，近夜十點寫作時間才能請教。甚至僅以找書搬書當作運動，原不走路，病癒康復才走個半小時。他親自告以：「夜深人靜，比較好思考，文債、開會都太多，盡量推辭，年紀大了不比年輕，像作生意，只有這麼多本錢，要定哪門生意，不能樣樣做。」他專心著書立說不懈，謝絕邀請演講開會，在四壁皆書的書房，事前就婉轉地告訴我們：「想想多少千古未盡才，生命是要自己去完成的。」

煙斗早是他余先生的標誌，但幾次相見，他都未抽煙斗，原來已戒絕，只記得他對我所說的話縈繞不去：「西方著作，跟思想史有關有啟發性的書，都盡量虛心閱讀不中斷，可借鑒。歷史是綜合學問，興趣廣，涉及範圍一路擴大，但並不特別崇拜哪一派，絕不能隨著西方的調子起舞。」

追溯他論有：聖奧古斯丁、康德、黑格爾、馬克思、斯賓格勒、湯恩比、傅柯等作品，研究引人入勝，他提醒留神英文資料，獨立思考是他對知識界的勉勵。

這位四十四歲就當選中研院士的余先生，指引過必讀的書：「宋人編《四書》——《論語》、《孟子》、《大學》、《中庸》還不可廢，地位等於《聖經》。」他笑說：「旅館房內可放一部《四書》，像日本人放佛經。學外國放《聖經》。擺本《四書》總有人會翻兩句，得一句有一句的好處。孔子講『己所不欲，勿施於人』，就是千古不滅。除此《六祖壇經》影響中國文化，可以念念！《莊子》三十三篇如果不能全念，選幾篇來讀。《老子》就幾千字，必須念！四史《史記》、《漢書》、《後漢書》、《三國志》等史書較難，至少應該念《史記》。」

在哈佛與楊先生合教九年制度史課，他了解到：在歷史進程中，思想有積極的作用，

16 余夫人照顧襄助余先生到最後一程！
17 早年就與趙如蘭教授等參加了我們曾領導的大波士頓區中華文化協會。

思想原抽象空洞不能捕捉，落實凝聚為政治社會制度，才顯出重量，他以德國歷史主義的蘭克（L.Ranke）學派，說明客觀歷史與主觀思想分不開，其重視檔案、典章制度、語言考證；強調治史為掌握時代的主導。

史無定法，讀書亦然無一成不變的死方法，材料需周全收集。傳統的讀書法，講得最親切有味莫過於《朱子語錄》，與現代詮釋學，相通甚多。

經十三年斷續深思熟慮醞釀下，他二〇一四年出版《論天人之際》，梳理長期歷史發展，如天人合一觀念演變的軌跡，呈現中國古代人文思想的起源與演變，宏觀上恰同卡爾．雅斯培（K.Jaspers）與馬克斯．韋伯（M. Weber）提出的「軸心突破」。

同時分析人類文明發展的共性角度和普世現象有其相契，以比較文化學的視野，觀照中國軸心突破的古文化實證史料，從先秦殷周，周公制禮作樂，而完成在孔子身上，不限於少數菁英皆以修身為本，百家都有軸心突破顯現，自成獨特的文化體系，延續不斷，歸結於文明精神狀態的提升，進入更高的哲學世界。鄭培凱等18多位教授皆稱：「闡幽發微！」

一九八七年前後，余先生的研究轉向思想與社會政治史之間的聯繫，超越得失關切時代。所著的《中國近世宗教倫理與商人精神》接續大思想家馬克斯．韋伯的名著《新教倫理與資本主義精神》，並請楊聯陞極力在病中寫最終篇論學文字〈原商賈〉作序。

他從文化史角度解釋十五世紀以來，東亞棄儒就賈的普遍入世轉向，所興起的商業精神，為東亞經濟的崛起現象。該書在日本影響尤大，一九九一年被譯成日文，思想史權威、京都大學島田虔次教授，寫長跋介紹生平與業績。日本各大報如《讀賣》、《每日》、《日經》、《產經》等都有刊載評介，引起史學界和社會學界討論。

日本中央公論社於一九九二年出版《現代亞細亞論的名著》介紹十七本名著，余先生著《商人精神》是第一篇。他曾多次在京都、關西、東京、東北各大學演講，余英時當時即被日本學士院院士島田虔次，尊稱為「二十世紀後五十年中國最傑出的歷史學家」[19]，可見地位崇高！

余先生的學生河田悌一，曾為關西校長。二〇〇七年，關西大學頒發榮譽博士給他，並請余先生在日本中國學會的年會上演講，而上一位演講的國人是八十年前的胡適。

余先生由青年立說，到中年著述即達高峰。撰述範圍也拓展至新世紀的思想史，尤以英文論著，對中國思想史之發展，提出整體、綜合、總結性的看法。他是後輩眼中博學多聞，又是創作力爆發的史家，作品豐富且深刻，當中《歷史與思想》一書，多年來不斷

18〈余英時論天人之際〉見《聯合報・副刊》，二〇一四年六月十四日。

19 均見余英時先生親自提供作者之資料。

重印還出新版，是罕見的史學暢銷書。

繼擔任耶魯講座教授後，一九八七年他再受普林斯頓大學禮聘為全校的大學講座教授，二〇〇六年，余英時先生成為克魯格獎得主，二〇一四年獲得唐獎，仙逝後普大安排八月九日到十一日這三天在大學東邊校區降半旗，均是常春藤盟校百年難得一見的殊榮。

（原載《明報月刊》第五十六卷第九期，二〇二一年九月）

學術史和思想史的傳薪者
——敬悼余英時先生

葛兆光

曾任北京清華大學歷史系教授；東京大學、臺灣大學、美國普林斯頓大學等客座教授或訪問學者，現為上海復旦大學文史研究院及歷史系特聘資深教授。

七月末的狂風暴雨過後，上海漸漸回復平靜。八月初正值暑假，雜事也少了些。想打個電話問候余先生，可一連好幾天都無人接聽，不知是怎的，也許是有點兒預感？隱約有一絲不安，急忙給UBC的丘慧芬教授寫了一封電子郵件。這幾年裡，她和邁可（Michael S. Duke）編輯了余先生的兩冊英文文集，又翻譯了余先生的回憶錄，加拿大和美國聯繫方便，所以常和陳淑平先生通話，我猜想，她可能知道些情況。慧芬很快回信，也說到余宅電話不知為何總是忙線，但後面加了一句「忙線應該是說他們都還好」，有這句話，我心裡這才稍稍寬慰。

可是沒想到，收到慧芬消息才幾小時，和余先生同住普鎮的周質平教授，就來電告訴我余先生睡夢中仙逝。乍一聽到萬分震驚，記得不久前，在電話交談中，還能感到余先生思路不僅清醒而且有活力，肯定能像大家期待的「豈止於米，相期以茶」，沒想到會這麼快離世。一時間不知道該做什麼該說什麼，八月五號這一整天裡，人都仿佛處在失重狀態。昏昏沉沉中，下意識地翻看余先生歷年給我的信件、照片、文章，還有好些幅字，回想這十幾年和余先生交往的種種情景，直到夜深人靜才回過神，不禁悲從中來。

之後的幾天裡，重讀余先生若干論著，才使我沉下來，開始平心靜氣地寫這篇紀念文章。

一

在這篇文章中，我想先談對余先生學問的理解，然後再談余先生思想的意義，最後再說到余先生本人，以及與我們的私誼。這不僅是因為公私先後自當有序，而且是因為在我的心目中，余先生首先是一個學者，一個屬於全世界的學者。

人們都知道，余先生的兩位老師，是錢穆（一八九五—一九九〇）先生和楊聯陞（一九一四—一九九〇）先生。余先生是一位非常感恩的人，一生對老師抱有最高敬意，我在給余先生九十壽辰寫的那篇〈幾回林下話滄桑〉裡提到，一直到余先生的晚年，還給錢穆先生的《國史大綱》新版寫了推介，給楊聯陞先生詩稿作了整理和校訂。不過，儘管錢、楊二位都是余先生的老師，彼此私人交往也相當密切，但畢竟學術路徑和價值觀念上大有差異。錢穆先生之學來自中國傳統，始終對中國文化和中國士大夫之精神抱有深切同情；而楊聯陞先生不止出身清華，留學哈佛，出入西洋東方學和日本東洋學，而且習慣於把中國史對象化，放在東西之間考察。我至今還記得，二〇〇九年第一次造訪余宅時，就向余先生請教這兩位學風的差異，而二〇一二年春天普鎮的一次餐敘上，周質平教授也曾直接請教余先生，他如何可以把這兩種看似冰炭不同的學風融為一體？在這兩種價值、方法和風格不同的學風之間，余先生會不會有取捨之難？

如果我的觀察不錯，在余先生身上融合的，應該不止是錢、楊兩脈的學風，還有在傳統中國文化價值的守護，和對現代自由民主觀念的追求之間，在傳統中國學術所謂講究考據、義理、文章，和西方現代學術重視理論、方法和規範之間，從中國當代文化思想現狀出發的思考，和海外中國學研究由於比較而產生的問題意識之間，他總是能找到最佳的契合點。像對古代中國「士」的歷史之梳理，不僅有發掘傳統士大夫以「道統」對抗「政統」的意味，也有對現代知識人歷史作用的殷切期待；像對韋伯新教倫理和資本主義精神問題的回應，不僅要回到歷史重新估定儒道佛三教的社會作用，也需要通過歐洲宗教研究的典範為中國歷史轉型重建一個評價坐標；像有關朱熹的歷史世界，則一方面要去除模仿西方哲學史把人物和思想從歷史中抽離出來的格套，一方面要去除道統敘事，把政治、思想和文化重新放回「歷史」，同情地了解古人言論的動機；而有關傳統中國思想「軸心時代」的理解，余先生也是在雅斯貝斯的歷史觀察基礎上，既要梳理古代中國天人之際、巫史之間、百家之前演變的特殊過程，又要對比歐洲與中國，從歷史源頭上釐清彼此的異同。這些看上去兼涉保守與自由、特殊與普遍、中國與歐洲、歷史與思想兩端的思考，在余先生筆下總是能自然而然地一氣貫通，並且清晰明白地表述出來，這實在是難得。和很多人一樣，我也曾詫異余先生論著，為什麼總是這麼流暢清通，有人甚至猜測這是余先生曾受桐城文風薰染。我也曾說，余先生文章讀起來，就像蘇軾說的「如萬斛泉源，不擇地而出，在平地滔滔汩汩，雖一日千里無難。及其與山石曲折、隨物賦形而不可知也」。不過，歸根結底說來，這並不僅僅是「文筆」的問題，還是因為這些糾結複雜的問題，在余先生中西兼采、涵泳領悟、包容昇華之下，就像《笑傲江湖》中那折磨令狐沖的八股真氣，在《易筋經》的包容化解下，早已豁然貫通打成一片光明。

有沒有大心胸，大氣量和大視野，確實不一樣。余先生確實「上到堯，下到毛」，對中國歷史有通貫的把握，這一點也許和錢穆先生一脈相承；但他又是「既知東，復知西」，對歐美思想、理論和學術有深刻的理解，這一點和錢穆先生卻不同。他在《回憶錄》中曾說，他到哈佛先是「旁聽三門課」，即帕森斯的社群系統、布林頓的歐洲近代思想史、基爾莫的文藝復興與宗教改革，攻讀博士期間又選修過賽門的羅馬史、懷特的歷史哲學、佛烈德里治的古代政治思想史。顯然，從那時起，他已經相當深入西方歷史和思想，所有中國歷史問題的思考，都有意無意地被放在這一比較的背景下。我還知道，多年來余先生抱著極大興趣看西方思想大家的傳記，這些西方的思想和學問一定給他的中國歷史研究以相當大的助力。他後來對韋伯宗教與資本主義問題的興趣，或許在旁聽帕森斯的課時，就結下了因緣；對正式思想和民間思想有關「生死」問題的自覺關注，也在布林頓的課程中受到過啟迪；而基爾莫的課，顯然對余先生後來辨析「五四」究竟是文藝復興還是啟蒙運動也產生了影響。在這一點上，便與錢穆先生拉開了距離。

但話說回來，僅僅有宏大的理論、開闊的視野和深切的關懷是不夠的。有沒有拈繡花針、持顯微鏡、作細緻功夫的本事，也同樣不一樣。我說的不僅僅是《方以智晚節考》、《陳寅恪晚年詩文釋證》這類主要靠發掘史料疏證的論著，余先生的很多宏觀論述，不光有深厚的文獻支持，更有細節追索的精緻。我是讀古典文獻出身的人，我注意到，余先生對史料的洞察和考證的功夫絕對第一流，幾乎由他經眼的文獻，他都能從中剔理出有意義的內容為我所用，並且從細微瑣屑的記載中發現大問題。他曾經對我說，讀書最難的，就是破譯「暗碼」和鉤輯「隱喻」，不僅要心細如髮，而且要將心比心，這才能做到《方以智晚節考．序》所謂的「觀微知著，借『個人良知』以察『集體良知』」。限於篇幅，這裡只舉兩個例子。第一個例子，在〈漢晉之際士之新自覺與新思潮〉中，他從各種文獻中敏銳地鉤輯出不少資料，指出東漢末士大夫中普遍出現稱「同志」、崇「領袖」、好「聚會」的風氣，這是和過去迥然不同的現象，也恰好說明東漢末士大夫階層逐漸形成理想認同和聲氣相通，這就是漢晉之際一個知識人階層的「新自覺」。而正是知識人有了這種新自覺，因而不僅上承先秦游士之餘緒，下開宋明儒者之風氣，而且也刺激出了漢晉之際的「新思潮」；第二個例子，是在《朱熹的歷史世界》和《宋明理學與政治文化》中，余先生不僅敏銳地注意到「得君行道」這個「儒家最古老的觀念之一」，而且從各種南宋史料中，鉤輯出朱（熹）、陸（九淵）、張（栻）、呂（祖謙）的說法，充分證明了這種積極昂揚的進取，不僅與北宋王安石相關，而且表現了「南宋儒家政治文化的新風貌」。他也敏銳地注意到，「覺民行道」是明代儒學的根本性轉向，他引述各種過去思想史家未必重視的史料證明，由於明代專制皇權膨脹，以及王陽明「去衣廷杖」的刺激，導致明代儒家不得不從「得君行道」轉向「覺民行道」。正是在宋明兩朝政治文化氣氛差異中，他發現了朱熹和王陽明的不同，「這不僅是朱、王兩人思想取向有別，而且是宋、明兩代的理學和政治文化根本不同的一種最真實的反映」。這種從各種瑣細雜蕪的史料中，提煉歷史大關節大問題的本事，絕不是一朝一夕的功夫。

從我個人與余先生往來的經驗，我還想說，除了一般歷史文獻之外，余先生在閱讀前人年譜、日記、書信、詩詞時，心思極細，記憶力超群，而且眼光尤其銳利。由於我和余先生都愛讀這些資料，在多次見面聊天中，話題都與這些閱讀相關。記得我們談到的，至少有梁啟超和胡適的年譜，有顧頡剛、吳宓、夏鼐、周佛海、楊樹達、夏承燾和陳克文的日記，有陳寅恪、錢鍾書和汪精衛詩詞。我驚奇的是，余先生都能從這些史料中，發掘出新的線索，看出來新的問題。二〇一四年夏天，我從波士頓到普林斯頓，在余宅聊天時，我曾說起近來讀畢金毓黻《靜晤室日記》，發現了某些很有意思的學術史細節，沒想到小叩大鳴，他也說到這部日記，更讓我驚訝的是，我所謂的大多數發現，他都早已注意。還記得當時他已經讀完影印本《鄧之誠日記》，他便一一給我講這部日記中的史事。他講的那些內容，也讓我非常吃驚，為什麼？因為雖然我也看過鄧之誠先生的日記，卻絕沒有注意到在這部筆跡繚亂的影印本日記中，藏了這麼多有意義的歷史細節甚至關節。

可惜的是，到現在也不知道，余先生關於鄧之誠日記的心得，是不是寫出來了。

二

在前面提到的那篇〈幾回林下話滄桑〉中我曾說過，我和余先生見面很晚，是在二〇〇七年日本的大阪關西大學。和余先生交往最頻繁的，是二〇一〇年到二〇一三年在美國，就是我到普林斯頓大學擔任 Princeton Global Scholar 的那四年。這是我的幸運，王汎森兄曾經說，我可能是余先生晚年（八十歲後）和他談得最多的人。前幾天，陳方正先生也鼓勵我寫這篇紀念文字，說因為「近年你見他，和他對談最多，務必要寫」。我不知道我是不是近年來和余先生面談最多的人，也許是之一。確實，因為連續四年普鎮有兩個月小住，有機會和余先生多見面，也真是深受教益。

我的日記並不特別詳細記載日常瑣事，但我回頭翻檢日記，卻發現我們在那幾年裡竟然有至少三十次超過四、五小時的長談，這些簡略的日記，也讓我想起和余先生的不少談話內容。對於我們這一代人來說，余先生確實如同周質平教授所說，他是上一代與我們這一代之間的「傳薪者」。從晚清民初到現在，一百多年間中國的政治和歷史變化萬端，幾經波折之下，很多人有如醉人，「扶得東來又倒向西，扶得西來又靠向東」，近代自由民主的價值，憑什麼能傳續和堅持？其實就是靠人，尤其靠理性清明和立場堅定的學人。余先生對胡適的研究當然極其深入，他給《胡適之先生年譜長編初稿》寫的序《中國近代思想史上的胡適》，至今仍是胡適思想研究的典範論著。我的日記提醒我，在和余先生交談中，他至少三、四次提到同一件事，就是一九五八年胡適回臺灣就任中央研究院院長典禮上，在蔣介石講話之後，他當面說「總統你錯了」，這使得蔣介石事後在日記中痛心疾首，說這是他一生的奇恥大辱。

學者的立場就應該是這樣，他並不和掌權的政治家貼身肉搏，但他始終以思想的力量制約著政治家的胡作非為。胡適是溫和而堅定的，他對政治的態度一貫溫和，但對自由民主價值的維護卻始終如一。余先生也是如此，他總是說「我對政治只有遙遠的興趣」，也曾多次勸我要明哲保身，不要直接討論時政。但這絕不是說他打算一直退守在象牙塔中，他始終一貫的堅持，就是把學術論著轉化成思想資源。我總覺得，他的很多學術論著都在試圖通過歷史研究證明，由於中國歷史上的專制皇權獨大，因而反對專制和爭取自由，始終是近代以來的唯一目標；由於中國古代思想文化中缺少民主自由的傳統，因此不能不對傳統思想文化進行轉化，並從近代西方思想文化中汲取養分促進這種轉化。特別是對中國的知識人，他始終從歷史關注到現實，他對「士」也就是中國古代士大夫歷史的研究，其實就在鼓勵知識人對真理的捍衛；而對知識階層在近代逐漸邊緣化的論述，其實也是在呼籲專制時代的知識人把握自己的命運；對胡適在近代思想史上意義的闡發，也是在延續胡適那種知識人對自由民主的始終關切；對顧頡剛那種未盡的才情的惋惜，更是在感慨現代以來對學術界人們的思想鉗制和被迫轉向。

歷史論述和當下關懷相關，這是沒有辦法的事情，也是不得不然的事情。這裡舉一個人們熟悉的例子。我認得不少臺灣學界我這一輩的朋友，他們幾乎都共同有一個非常深刻的記憶是，一九七五年余先生在臺灣發表〈反智論與中國政治傳統〉時引發的震撼。一篇討論古代中國政治思想史的論文，何以在現實世界會有如此的力量？我想，這就是因為學術論述成為思想資源。這篇原本並不是討論臺灣，而是以大陸文革為問題意識的論文，正如余先生所說，無意中觸動了臺灣最敏感的「政治神經」。當生活在威權時代，行動與思想都受到壓抑的學人，讀到這篇文章拈出的儒、道、墨、法各家對於理性的觀念時，他們對於現實政治會作何感想？當他們看到，儒家由於法家化，在漢代走上尊君卑臣的反智道路，道家本來就強調「愚民」，不使精英有權力，不讓人民有知識，而法家則更是政教合一，不允許各種思想並存，只允許一種思想的原則，這時他們會如何認識自己背負的歷史傳統？當他們看到，這種導致了「尊君必預設卑臣，而普遍地把知識分子的氣焰鎮壓下去，正是開創『尊君卑臣』的局面的一個始點」的時候，他們肯定會聯想到自己所處的現實環境。因為在現實中，不僅「軟刀子和硬刀子同時砍下」，而且尊君卑臣的原則，推廣到社會其他領域，就有了嚴厲的所謂「三綱」。於是，在一九七五年臺灣還沒有解嚴之際，看到這篇文章末尾所引用譚嗣同的話說，「二千年來之政，秦政也，皆大盜也；二千年來之學，荀學也，皆鄉愿也；惟大盜利用鄉愿，惟鄉愿工媚大盜」，讀者會作何感想？即使是稍後正式出版，末尾這一段換作朱熹較為和緩的話，「堯舜三王周公孔子所傳之道，未嘗一日得行於天地之間」，看到這句悲憤的感嘆時，人們會不會覺得石破天驚，在震撼之餘穿過迷霧，剎那間在歷史倒影中看到殘酷的現實？

之所以說，這是一種不得已的關懷方式，我以為，這是因為余先生身處的時代，實際上比胡適的時代更嚴峻。胡適還能政治歸政治，學術歸學術，在左手發表時論的同時，右手卻在做著與政治不相干的《水經注》研究、禪宗史研究、小說考證。但余先生的時代，往往使他不得不在學術研究中，時時投入自己的問題和關懷。他曾經這樣說胡適，「作為一個學人，胡適的自由主義重心也偏向學術和思想，與實際政治終不免有一間之隔。儘管四〇年代末期的中國局勢逼使他不能不在政治上作出明朗的抉擇，但他的自由主義從未轉化為政治行動。由於他是一個學術本位的自由主義者，他完全可以作到讓政治的歸於政治，讓學術的歸於學術，使這兩個領域不相混淆」（《論學談詩二十年．序》）。可是，當時代已經不容一張平靜的書桌，他就不能不通過自己的學術研究，反過來關懷這個時代。這就像余先生曾引佛經所說，「昔有鸚鵡飛集陀山，乃山中大火，鸚鵡遙見，入水濡羽，飛而灑之，天神言：『爾雖有志意，何足云也？』對曰：『嘗僑居是山，不忍見耳！』」

「火鳳難燃劫後灰，僑居鸚鵡幾旋迴」，他曾經好幾次把這首一九七三年贈別楊聯陞先生詩，寫來送給朋友，我也曾有幸得到一幅。在這片他終生眷念的故國大地已經燃起大火的時候，儘管對傳統，對儒家，對中國文化，余先生仍然像錢穆說的那樣「抱一種溫情和敬意」，也始終試圖通過歷史敘述表達中國情懷，這一點也和錢穆相近，但面對現實中「對於知識人的敵視和迫害，以及對理性知識的輕蔑」，余先生卻和錢穆先生不同，他不得不對歷史和現實中存在的專制與暴政，保持著高度警惕。我特別注意到，在他八十歲後幾次接受訪談中，都反覆強調傳統中也有專制和暴政，國學也許會刺激國家主義，不能不堅持自由民主的普遍價值，而這種普遍價值並不是西方專利。

這個立場不僅貫穿了他的歷史論著，也貫穿了他的整個人生。

三

前面簡略地說到我理解的余先生學術與思想。限於篇幅，這些說法不止粗淺，而且只是蜻蜓點水。下面，請允許我轉向個人領域，談一談我對余先生這個「人」的認識。

有一次我和余先生聊天，不知怎麼，話題轉到圍棋。余先生和我都曾是圍棋愛好者，所以，他常常以圍棋比喻學術。比如，他與楊聯陞先生討論王國維何以進入學術時間不長，卻能夠迅速走在各個領域前沿的時候，就以圍棋為喻，說王國維就像「高手下棋無廢子」；而談到歷史學家必須有通史意識，才能穿透具體事件或人物或論述，也用了錢謙益談圍棋的一句話說，「善奕者取大局」。我還記得，他非常感慨地說，所謂「圍棋天才」，並不是天生之才，只是比常人更「專注」。他提起日本名譽棋聖藤澤秀行對大陸棋手錢宇平的評價，說圍棋界選拔少年棋手，往往先看這個孩子會不會「一心以為鴻鵠將至」，最好的苗子是能夠長時間「端坐」，專注地「長考」。他感慨地說，不光是下棋，做學問也一樣。我想這是他的經驗之談。很多人都曾注意到，胡適日記中唯一一次提及余先生，就曾以龜兔賽跑為例，期待聰明過人的余先生，不止是憑藉少時的天資，而是要有持久的努力。余先生顯然沒有辜負胡適的期待，他本人正是一個極其投入，把生命都獻給學術事業的人。說實在話，我也算認識不少學界中人，既不乏天資出眾的，也不乏卓有成就的，但很少看到有人能像余先生那樣，真正當得起「專注」這兩個字的重量。

很多人可能聽說過，他過去寫文章做研究，常常通宵達旦。記得汎森兄曾說，余先生的鄰居曾經對余宅燈火徹夜不熄感到好奇，還詢問這家人家是做什麼的。我也知道，余先生一旦開始寫作，必然如同獅子搏兔，傾盡全力。五十三歲時給《胡適之先生年譜長編初稿》寫序，就幾乎寫成一部大著作；七十三歲時給《朱子文集》寫序，就寫出上下兩卷《朱熹的歷史世界》；八十二歲時給《雙照樓詩詞藁》寫序，也還是寫出一篇萬字長文。似乎他無論做什麼，都是那麼嘔心瀝血。我這裡要說一件大家未必知道的事情，二〇一二年我曾獲看他一篇至今未發表的著作審查報告。讓我非常吃驚的是，對於這部從「信仰和立場」出發，應該說很「不像學術研究」的現代學術史著作稿，余先生竟然花了差不多三萬字，從史料到邏輯，一一指出其問題，儘管他也深知，「人的成見是很難改變的，絕不奢望作者接受我的看法」，但他仍然有根有據，極其細緻和深入地指出這部著作的種種毛病。

前兩天，偶然看到記者羅四鴒的回憶，說前兩年她對余先生的訪談，傳給余先生審校，收到余先生寄回的文稿，「打開一看，我震驚了，原來，除開保留了我開始一段介紹之外，余先生把稿子重寫了，而且是手寫，A4紙，一篇二十三頁，一篇二十一頁，手寫了四十四頁稿，手寫完之後，還用紅筆修改了一遍」，她很感嘆余先生的認真，說「余先生是我遇到最好的受訪者」。這話一點沒錯，我這裡可以提供一個佐證，我手頭至今保留了一份余先生給某大陸朋友訪談的底稿，這份後來在大陸流傳很廣的訪談，同樣是除了頭三四頁還保留記錄列印稿原樣，只是親筆做了大量修改補充之外，大概余先生覺得錄音記錄並不能充分反映自己的所思所想，於是從第五頁開始，後面的三十一頁，居然都是余先生一筆一劃重新親手寫出來的，而且手寫的文稿上又加以各種校改。我想，這不僅說明余先生對自己要說的話慎之又慎，而且不惜氣力，對任何形諸文字的東西都極其認真和負責。

當然，余先生並不是一個只是在書齋皓首窮經，尋章摘句的書生，這些年來，我們看到的，是一個活潑潑的，充滿生氣的，而且是興趣廣泛的學者。他常半開玩笑地說，他和我特別談得來，除了學術關注相近之外，還有生活習慣相近，因為我們都在窮鄉僻壞生活過，並且還有好多跟學問全不相干的興趣愛好。很多人都知道，他圍棋下得很好，曾經拿過新英格蘭地區圍棋冠軍。在他家的客廳茶几上，十幾年來，始終擺著他和超一流棋手林海峰對奕的合影，看他《會友集》裡寫林海峰紐約棋賽的文章，就能知道他對圍棋和林氏的友情。他不僅和林海峰、王銘琬、王立誠等棋手有過交往，和沈君山、查良鏞等愛好者有過手談，而且寫過好幾篇有關圍棋的文章，還長期閱讀大陸出版的《圍棋天地》和《新民圍棋》。他還能唱很好的京戲，他告訴我說，當年他的老師楊聯陞唱戲，可以達到灌唱片的水平（確實現在網上還有楊聯陞先生唱京劇的錄音流傳）。他曾有詩給楊聯陞先生，其中兩句是「皮簧初把啼聲試，不尚言譚愛叔岩」，可知當年受楊先生影響，他對京劇老生尤其是余叔岩一派唱腔頗有體會，很多唱詞往往可以信手拈來，甚至還曾真的登場演出過，我手邊就有一張余先生送給我一九六九年他在哈佛粉墨登場的照片。他同樣也喜歡看球賽，電視上看球賽是他的日常消遣，記得在二〇一九年五月我和他通電話的時候，他正在看NBA總決賽多倫多猛龍隊和金州勇士隊的比賽，很多人習慣性的支持金州勇士，因為它擁有受歡迎的球星庫里（Stephen Curry），已經是連續幾年的總冠軍，但余先生認為應當支持美國本土之外的球隊，並斷定最終猛龍隊會贏；七月我又給他打電話的時候，他也正在看網球，並興致勃勃地聊起溫布頓網球賽中的費（德勒）、納（達爾）會，他說，雖然兩巨頭聚首碰撞很珍貴，但他們一定打不過小德（約科維奇），因為畢竟年歲不饒人。讓人驚奇的是，他對賽事的這些判斷，最後竟然都一一應驗。

可畢竟還是學者，他一生心之所繫是為故國招魂，一生大部分精力是為學術獻身。這兩天，我翻看余先生的各種論著，深感這幾十部著作，數百篇論文，絕不是像有些人想像的那樣，可以輕而易舉手到擒來。

四

這兩天，有人好意提醒我，說余先生曾經特別稱你為晚年「知交」。其實，我明白這是余先生對我的特別關愛。這麼些年的交往中，我深知余先生是一個「平生不解藏人善，到處逢人說項斯」的人。很多後輩學人都得到他的獎掖，我所知道的，就好多好多（請原諒這裡不提姓名）。對任何人都充滿熱情和善意，這不僅是性格，更是胸懷。余先生以大胸懷大氣量對任何人，Province那個樹林掩映的余宅，這些年來來往往，不知有多少人，儘管這裡各色人等參差不齊，但我敢說，幾乎每個人都會感覺到他的坦誠和無私。古代中國有所謂「分食解衣，以贍其乏」的說法，余先生就是這樣的人。還記得余先生九十華誕，聯經出版公司發行人林載爵先生邀集余先生故舊門生編一部祝壽文集，後來正式出版的時候，書名為什麼會用「如沐春風」？很簡單，就是因為書中的好些作者，不約而同地都用了「如沐春風」一詞，說到余先生對人的真誠、熱情和大度。這一點感受，大凡和余先生有過來往的人都有，就是我這個很晚才認識余先生的人，當我走近他的時候，我也感到他照樣抱著十二萬分的熱情。

這些天，常常不由自主地回想和余先生、陳先生的交往，內人戴燕也反覆提到下面幾件小事。第一件是二〇一三年深秋，我們再次到普林斯頓小住，仍然住Lawrence的宿舍。事先並沒有告訴余先生，可第二天余先生夫婦卻突然開車前來，原來他們擔心我們初來乍到，生活有很多不便，就帶來各種生活用品，不僅有麻油、米、豆腐乳、水果、泡菜，還有余先生和我的共同嗜好烤花生米，甚至還擔心我們吃不慣洋餐，特意買了一個嶄新的電飯鍋帶來。通常，大學者不屑於管生活細節，何況余先生和我一樣，也在鄉下生活過，日常極其簡單樸素，甚至可以說是粗率，可那幾年裡，余先生和陳先生卻始終細心關照我們，生怕我們在異域他鄉有什麼不方便。第二件是二〇一四年夏天，我們從波士頓去普鎮看望余先生陳先生，我們送給他們一幅照片，是我們兩人在波士頓美術館前的合影，在我們回到波士頓後，就收到余先生陳先生寄來的一幅照片，是他們兩人二十年前在捷克布拉格的合影。為什麼會特意寄這張照片？余先生在信封上特意寫道，「照片一張，贈戴燕、兆光保存，因此照片與你們在Boston所攝製合影，幾乎完全一樣，真是太難得的巧合，我們這一張是二十年前（一九九四）在捷克普拉克（Praque）照的。英時、淑平」。第三件小事，則是二〇一九年最後一次見面，那一次我們和丘慧芬夫婦約好，一道去普林斯頓，到了之後，余先生笑吟吟地拿了一個紮著彩帶的盒子塞在我手裡，說是給我的七十歲生日禮物，我既感激又驚訝，因為事先我們並沒有告訴余先生這兩天恰好是我的生日。也許是前十年說到過吧，因為我和余先生正好相差二十歲。記得二〇〇九年第一次到普林斯頓的時候，陳淑平先生就送給我們一張照片，是余先生在普林斯頓東亞系所在Jones Hall的樓下，與奠基石的合影。余先生生於一九三〇年，那一年八十虛歲，而這座愛因斯坦曾經待過，電影《美麗心靈》中常常出現的Jones Hall也建於一九三〇年。陳淑平先生說，之所以余先生要照這張照片，是因為他們同齡，而余先生也將和這座樓一道終老於此。記得當時，我曾經告訴余先生我的生日以及和他恰好相差二十歲，也許他就始終記在心裡。心細而體貼，熱情而含蓄，正是余先生陳先生接人待物的風格。

我不知道別人怎麼看，但從我的觀察，余先生確實是「表裡俱澄澈」的人，他的學問可能深不見底，但他的為人卻清明如許。在和人聊天的時候，他會絕對敞開心胸，在人需要幫忙的時候，他會絕對傾盡全力。我知道包括一些著名學者，一些初出茅廬的青年人，也包括那些由於各種原因離散在外的人，都得到過他的幫助。我們曾經對余先生陳先生說，有的人可能慕名而來，有的人可能另有意圖，勸他們不必耗費精力，但他們一句口頭禪卻是「不在意」、「不相干」。在余先生身上，你真的可以看到「慷慨」、「無私」和「坦蕩」這三個詞應該怎樣詮釋。在這個有著太多心思深沉，太多機關算盡，太多爾虞我詐的世界裡，他顯得那麼簡明、敞亮和直率。當你聽他談話時開懷大笑，你就能知道他有時候真的像春風，甚至更像寒冬裡的一團火，給人以溫暖和明亮。人們常常把余先生和過去的胡適並提，像周質平寫的〈自由主義的薪傳〉，我覺得這不僅僅可以說從胡適到余英時的自由主義思想脈絡，甚至也可以用來說余先生類似胡適那樣，對朋友的熱情和率真。以前有「我的朋友胡適之」這樣的話，其實，余先生對他人的真誠和友善，也真的很像胡適。這絕不僅僅是某些人所謂「老派紳士的教養」一句話可以說得盡的。

五

現在，余先生走了，毫無疑問我們都很哀傷，但我不想用傷感作這篇悼念文字的基調。這幾天我總這樣想，余先生九十一歲仙逝，也算高壽，睡夢中無疾而終，也算有福，更何況他對生死歷來豁達。他曾和我多次說過，因為母親生他的時候去世，他生而母受難，因此絕不過生日。他也從不忌諱提及「死亡」，二〇〇八年大病初癒之後他更說，活一天就等於賺一天。讓他活過九十，真是老天的眷顧。所以，陳方正先生說，陳淑平先生電話裡把余先生的過世，說成是「睡過去了」，丘慧芬也跟我說，陳淑平先生電話裡把余先生過世，說成是余先生「上天了」。我猜想，這是余先生的豁達，也是陳淑平先生的理智，他們不希望我們沉緬在悲哀中。這次，直至余先生入土為安之後才通知大家，也確實是余先生陳先生的一貫風格。這讓我想起，余先生二〇〇八年患癌症，居然好幾年除極少數人外，都不告訴朋友和學生，只是自己默默治療。深知內情的黃進興兄也說，對余先生的生死觀，只能感嘆「了不起」三個字。記得二〇一一年春天在普林斯頓，他曾對我說過，告訴大家自己得癌，讓別人趕來同情，或者告訴大家我已痊癒，讓別人前來祝賀，不僅於事無補，而且實在自私，根本沒有必要。回想起來，我們確實很幸運。這十幾年，除了從二〇〇九年到二〇一三年能常常與余先生夫婦見面餐敘長談之外，在結束普林斯頓大學的四年邀約之後，我剛好又在二〇一四年擔任哈佛燕京學社合作學者，在美國五個月長住，還能兩次去普鎮看望。接下來的二〇一六年、二〇一七年、二〇一九年，我們又屢次獲得機會，借芝加哥的客座和哈佛的會議，和余先生見了好幾次。每次見面都極盡歡樂，記得見面時他好幾次自嘲，由於身軀變胖喘息困難，所以叫「英雄氣短」，但見到我們又特別高興，所以是「兒女情長」。可惜的是，這兩年因為疫情，也因為我二〇二〇年在日本東京，所以，只能在電話中寒暄聊天，不過即使這樣，我們也能體會到他對我們的關切，還能感受到他始終不停的思考。

現在余先生仙逝，這些都成了記憶。很多人感慨地說，這是一個時代的結束。不過，時代結束並不等於學者謝幕，學者畢竟以文字傳世，作為一個屬於世界的學者，有留在大家心中的這份記憶，有那幾十部著作和幾百篇論文，余先生早已成為思想史和學術史的不朽傳薪者。

二〇二一年八月十五日匆匆草於上海

（原載《古今論衡》第三十七期，二〇二一年十二月）

「為追求人生基本價值而付出努力」的典範知識人——敬悼余英時先生

丘慧芬

現為加拿大英屬哥倫比亞大學亞洲學系教授。

余先生走了。走前余先生的兩位朋友因為沒法跟他聯繫上，記掛中要我轉告他們的問候。我一直到八月四日晚間才打通電話，余師母一接電話就說：「老師已經上天了！」我知道這一天遲早會來，但不捨是沒法抑制的。師母說余先生八月一日清晨在睡夢中安靜過去。我跟師母說，老師這麼平靜的走是福氣，師母同意也接著說「能無疾而終是老師的福報」。在這樣的時刻，言語似乎多餘也無用，但除了言語，又要如何表達對余先生的悼念與追思?!

普林斯頓大學校長辦公室在接到余先生生前任教的學系通知後，特別安排從八月九日到十一日三天在大學東邊的校區降半旗，來紀念這位傑出的卓越史家。余先生的墓碑雖然還沒做好，但師母傳給我的相片讓我看到，余先生墳前這兩天都鋪滿了鮮花，有些是余先生的朋友帶來跟他告別致意的，有些不具名的，顯然也是來向余先生致敬並表達他們對這位典範知識人的悼念。

我知道很多人都將余先生看做是自己所認同中華文明的價值承負者。有的認同是建立在對余先生詮釋儒家基本人文價值的了解與尊敬上，有的來自對余先生從一九五〇年開始就公開批判共產主義違反人性與常理的佩服與支持，更多的，是建立在對余先生學術思想與道德人格兼而有之的欽慕與景仰。

不論這個認同的基礎為何，余先生將近七十年的歷史書寫和時論文字確實為孔子及古典儒家人文傳統在現代的存續找回了原有之魂：那就是天道之前，人人一律平等的原初精神。這樣的書寫也同時為「中華文明為什麼稱得上是軸心文明」開創出一個嶄新的解釋面向。余先生提出這個平等的新詮釋，是人人都可以認同的一個文明價值，但又絕對與社會或共產主義那種極權統治下所謂的假平等毫不相干。

余先生在一九八九年天安門示威抗爭遭血腥鎮壓後對中共的批判，與他全力幫助逃到美國的讀書人獲得安頓的行動，也證實他本人作為一個知識人，無懼政治權力的膽識與擔當。這樣不比尋常的膽識與擔當在任何時代都不多見，但也正可以用來說明余先生為什麼會被稱作是我們這個時代最了不起的歷史學家與社會良心。

毫無疑問，余先生的擔當是和他對儒家人文傳統不同面向的思想論述緊密相連的。然而，這種擔當更是在透過他對中共摧毀這種人文傳統原本重視個人自由及尊嚴價值的批判行動中獲得具體真切的呈現。僅僅從這個角度來看，許多不知名的人對余先生會有一份來自心底的尊敬也就實在是理所當然的了。

余師母前幾年也提到，住在美國首府華盛頓地區的一位徐先生，家中原來經營餐館，自己也唸書寫書。在看到許多有關余先生事蹟的報導後，有很長一段時間，徐先生會隔一兩個星期就親自開車去普林斯頓余先生的家送上餐館的烤鴨。沒空，他也會請附近的大陸朋友去看余先生時帶上一隻烤鴨和一些海鮮。余先生吃得開心，師母也省了不少做飯的時間。為了表達謝意，余先生和師母每年都會為徐先生的女兒寄去一本圖書俱樂部選出給孩童或少年閱讀的好書。另一位住在普林斯頓附近的臺灣黃先生，因為給余先生家的前院鑿出一個小魚池而認識了余先生。每次去探勘魚池，黃先生總會給余先生和師母帶去一些自己栽種的菊花與蔬果，也都會和余先生談起中共對臺灣的無理欺壓。每次余先生跟他談也都是談得痛快淋漓。這樣盡興的痛快之談，既無關學問深淺也無涉見解高低，有的只是他們對中共無理欺壓的共同義憤。

讓我特別感動的是一位大陸年輕人。這個年輕人因為對余先生的思想與立場非常認同，大約在一九九〇年中到美國紐約後，就自己帶著地圖坐火車去普林斯頓拜望余先生。下火車後他走了很遠的一大段路總算找到余先生的住處。剛好那天那個時刻余先生去書房取書，一拉開窗簾看到一個年輕人在窗外嚇了一大跳。開門知道他來自遠方，趕緊請他進屋，讓師母給他先準備一些吃的東西，再慢慢說話。這個年輕人回去後，每逢過年就給余先生和師母寄去各式各樣春節的年禮，余先生和師母也總是去信感謝。中共前幾年維穩厲害後，這個年輕人就沒了消息，余先生和師母心中一直記掛著，總希望他能好好的保存自己。

這些例子，讓我能從更寬廣的面向去理解余先生為什麼獲得那麼多人的尊敬與景仰，因此也讓我更加理解為什麼有朋友不論在香港或大陸，或在臺灣與北美都對余先生的離世感到失落與難過。

余先生的離世是一個時代的終結，但他已經透過他的直筆與行動成為許多人心中一個傳承儒家道統價值的典範知識人，也可以說成了代表我們這個時代的一個文化象徵。儘管他本人從未特別將自己歸於儒家或其他什麼什麼的家。余先生這個立場，與他不願看到儒家思想成為中共時而打壓、時而高舉的政治籌碼顯然有關。他甚至認為中共高舉儒家思想就等同是給了儒家人文價值一個「死亡之吻」。

對我來說，余先生對儒家道統彰顯在不同歷史時期的研究，以及他有關傳統中國社會與文化的其他著述，雖然一定會有後來者在某一個點或某一個面超越他，但他針對孔子為中國文化設定一個新價值方向的內容與性質所提出的詮釋，卻是自孔子以後對闡明其思想的儒家傳統都極為罕見的創新突破。要超越這個有基礎性的新詮釋恐怕不是那麼容易。然而，余先生讓人尊敬當然不是只在他的學問，而更是在他一無所懼揭示儒家人文價值的傳統如何被政治權力摧殘，且迄今也無實質改善的論述行動。

雖然任何有良知的中國知識人應該都會對余先生一生的努力致敬，但我理解權力的威嚇與誘惑，外加個人生存空間的考量都會迫使許多人對強權的肆虐保持沉默。余先生當然早就清楚這種威脅利誘的殘酷，因此他從不要求別人做什麼，也總是希望在強權下生活的讀書人都知道「明哲保身」的必要。與此同時，他自己卻從未因為各種威脅利誘而不去做自己認為是對的事。他知道自己生活在民主社會就必須把握自由的空間去振筆直書，為受到政治權力掌控壓制的人發聲，才能保存歷史真實而不讓青史湮滅成灰。從這個角度來看，余先生的辭世就不僅只是一個生命的隕落或時代的終結，而是我們這個時代在知識與價值層面上一個無法替代的絕大損失。也因為如此，余先生欣賞的一位香港年輕學者對他的離世就更感到難過。

然而，余先生應該不會希望這位學者朋友如此難過，而是會鼓勵他繼續前行。當香港已經成為自由瞬間可被消失的強權場域，也許，紀念余先生最好的方式就是繼續去做對的事，也就是像他一樣，用我們自己的方式去為可以維護個人自由與尊嚴的價值付出努力。換句話說，在自己能力可及的範圍內，繼續去直言或直筆，讓香港追求自由民主的聲音與行動不會被消失。記得余先生曾經說過，在艱難環境中能為社會保存知識與一些讀書的種子，本身就已經是貢獻。或許，這也是知識人在艱難中守道待變的一種沉默但又有聲的行動。

二〇二〇年五月初，余先生給我們打電話謝謝外子邁可和我將他的回憶錄譯成英文。我們跟余先生說，能讓更多的人知道老師成長與學思的過程絕對是有意義的，也請余先生千萬不再說謝。到了五月十七日，我們接到余先生寄來的一張卡片。卡片上余先生寫到他不再言謝，因為他知道我們都「為追求人生基本價值而共同付出了努力」。

余先生的這句話是他給我們的鼓勵，但也可以將這句話看做是余先生對自己一生透過學術研究以及時論文字來闡釋他所追求價值與理想的一個基本界定。這個「人生的基本價值」和余先生在二〇一三年八月中的一個訪談中提到的「人類夢」顯然是一樣的。這個夢，不但希望每個人都能平安自由的生存生活，更關係到余先生一生追求能落實對這個平安自由提供保障的民主制度。這樣的追求說明余先生生前為什麼對香港反送中抗爭以及臺灣年輕人二〇一四年太陽花運動會全力予以支持。

余先生很清楚他對反送中和太陽花的支持會讓許多人不以為然。但是他自己讀史、寫史的一生，卻讓他清楚，在有空間可以有所為時的示威與抗爭，即使在空間失去後會受到殘酷迫害，也仍然可以為其他的人打開另一扇門去繼續維繫對「人類夢」的追求。英國與幾個其他的西方民主國家在香港被迫實行國安法後都增加香港移民的名額並加速處理申請移民的手續，事實上正可以看做是為維繫這個追求所打開的一扇門，儘管這扇門的歷史是如此令人扼腕氣結而慨然浩嘆。在這個意義上，我也認為，對余先生來說，一九八九年遭到血腥鎮壓的天安門示威，以及香港的反送中抗爭雖然都是爭取人類夢的表徵，但也無可迴避的顯示出歷史上對自由的追求總是面對著無盡的挑戰與挫敗。問題在於，為什麼這樣的追求不論是在華人世界的歷史或是在西方以及其他社會的歷史上卻始終沒有消失殆盡或完全死滅？提出這個問題，讓我自己更進一步理解到，余先生為什麼會全力支持臺灣的太陽花運動以及臺灣過去三十多年來努力建立起的憲政民主。

可以再提出的是，余先生「為追求人生基本價值」的那句話，讓我更加肯定他最近這幾年雖然一如既往的閱讀有關中國大陸政治、經濟、社會以及文化各個層面變化的報導與相關研究，但他確實是在逐漸將自己的追求從一個更寬廣、或者說更普世的界域來給出一種近乎定位定性的判定。這個判定突顯出，余先生在他生命的晚境已經更有意識的將自己一生追求的價值看做是超越國族、地域或文化藩籬的。

這樣的超越，可以看做是余先生將他個人的追求在提出他對孔子為中國文化本身開創的普世價值方向之後做出的一種連結。通過這樣的連結，余先生就可以在簡單但又根本的一句話中表明當下的中共如果對追求「人生基本價值」的落實都仍然要監控監管，那高談中華民族的復興就只能是一個政治宣傳的口號，與孔子為中國文化開創的普世意義根本毫不相干。顯然，對余先生而言，孔子為這個文化設定的價值導向，也必然是與中共或任何政權對追求人生基本價值的監控與監管都永無交集的兩條平行線。

熟悉余先生論著與行動的人，應該都會同意他已經付出了他在人世間對維護與落實他追求人生基本價值的美好努力。這不是說余先生的研究在某些觀點或解說上沒有盲點或局限。不過如果我們仔細閱讀他幾十年的研究成果，就會發現在他從一九五〇年代初期到二〇一八年他的回憶錄出版之間，將近七十年的龐大著述中，他不但從歷史與文化的層面探究每一個聚焦的問題，也根據與研究相關的一些政治與社會理論或概念思想來為自己的研究添加一個參考的面向。

很多人都知道他對韋伯（Max Weber, 1864-1920）、柏林（Isaiah Berlin, 1909-1997）、羅爾斯（John Rawls, 1921-2002）與泰勒（Charles Taylor, 1931-）的著作都相當熟悉，但一般人比較不知道的，是他對馬克思的著作，特別是他的《資本論》也都認真讀過。余先生一九五〇到一九五五年在香港的那五年時間內，出版了六本關於西方政治思想理論與民主制度的專書。這些專書雖然是他二十幾歲的少作，不過一旦仔細閱讀後，卻會發現他在說明西方民主制度的演變時，不僅從古雅典的民主一直討論到一九五〇年代西歐各國與美國本身的民主制度，而且在討論時，也會提出與這個制度發展特別有關的某一個理論概念或思想觀點。

換句話說，他的研究從一九五〇年代開始就已經注重理論與制度的互動關係以及這種互動產生的歷史與文化意義。這樣的研究特色一直到他生命後期研究《天人之際》的專論中也一樣明顯可見。

不過，余先生一生的研究焦點畢竟是中國思想史，因此他討論思想也必然要在相關的歷史脈絡下來展開。理論在這樣的探究中，最終只具有援引參考的作用而不是他首要的考量。更何況歷史或整個人文學科的研究從來都是以具體特殊的現象做為研究的焦點，也從來需要在建立研究結論後繼續探討這個結論有什麼重大的歷史與文化意義。

余先生將近七十年的研究成果對了解中國政治社會與思想文化的貢獻早已經在他榮獲唐獎漢學獎及美國國會圖書館克魯格（John W. Kluge）史學人文獎時得到最高的肯定與褒揚。如果我們每個人都只是百代的過客，那余先生這個過客的特殊，就在他隻手將自己九十一年的過客生命鑄造成了我們這個時代最具意義的一個歷史界碑。面對余先生這樣一個超拔的獨特典範，我深知自己能做的非常有限，但不論如何我是將余先生常說的一句話銘記在心的：「雖不能至，然心嚮往之！」

余先生走前，看了好幾天東京奧運的轉播，師母說他看到臺灣年輕選手獲得獎牌非常高興，但他更高興的是看到這些年輕人都那麼文明有禮。余先生覺得臺灣三十多年來的民主建設已經培育出現代的公民，儘管進步的空間永遠存在。他也相信華人世界中唯一有真正自由與民主的臺灣，不但已經保存了儒家文明的核心價值，也會成為世界新興民主中的一個典範。雖然余先生看不到他的信念是否能完全成真，但他是在高興的期待中安詳上了天，且與天也合而為一。做為一個已經是華人世界中文化與價值的象徵，余先生一生為追求人生基本價值付出的努力，讓我深信人類對自由與正義的渴望及追求就是憲政民主永遠可以存在的精神基礎與生機活水。

（原載「聯經思想空間」：網址 https://www.linking.vision/?p=2532）

辭長不殺，真非得已
——由短序變專書：余英時先生與聯經的因緣

林載爵

聯經出版公司發行人。曾任《歷史月刊》總編輯、東海大學歷史系教授、上海書店董事長、台北書展基金會董事長。

余英時先生於一九七一年夏天初訪臺北和日本。這次行程給他帶來了一個很意外的感觸，他發現他的英文著作和學報論文在整個東方學界的同行中，根本無人問津。一九七三－七五年，他正好回到香港擔任新亞書院院長，於是決定用中文著述，這個決定也讓余先生開始與臺灣產生了一生的密切關聯。這一年，余先生來臺時又經友人介紹，認識了後來的聯經發行人劉國瑞，兩人開始建立長期的友誼，也為余先生與聯經的關係鋪下了基礎。

一、《歷史與思想》，一九七六

我曾在「燃燒的七十年代：《歷史與思想》二十年」（《聯合報》，一九九六年七月一日）一文中提到，一九七五年是臺灣思想發展很重要的一年。這一年林毓生先生首度返臺任教，在五月份的《中外文學》發表了一篇長文：〈五四時代的激烈反傳統思想與中國自由主義的前途〉，點燃了沉悶氣氛下青年學生重探狂飆年代的興趣。隔年（一九七六）一月，余英時先生在《中華文化復興月刊》第九卷一期發表了〈清代思想史的一個新解釋〉，接著《聯合報》副刊陸續刊載〈君尊臣卑下的君權與相權〉、〈反智論與中國政治傳統〉、〈唐、宋、明三帝老子注中之治術發微〉三篇文章，為當時爭論不休的「一人專制」問題提出了非常有說服力的解釋，引起了許多辯論。特別是明清思想轉折由「尊德性」到

「道問學」的「內在理路」說，彰顯思想本身有其內在生命的觀點，更是為知識界帶來極大的震撼，因為當時普遍接受的看法是思想的變動來自外在因素的影響。

一九七六年九月，余先生將上述文章及其他論文結集為《歷史與思想》，由聯經出版，這是余先生在臺灣出版的第一本著作，開啟了余先生與聯經此後深厚的關係。《歷史與思想》自出版後廣受閱讀，幾乎以一年一刷的速度進行，至今已四十五年，就臺灣的學術著作而言，是非常少見的例子。二〇一四年，在出版三十八年後，聯經又重新排印，余先生為此又作一〈新版序〉，提到「這是我個人出版史上一件最值得珍惜的大事」，這本書「是我的著作中流傳最廣而且持續最久的一部」。序中並回顧了〈反智論與中國政治傳統〉一文所引起的爭辯，以及這本書在他個人學術生命中所具有的極不尋常的意義。

二、《中國近代思想史上的胡適》，一九八四

一九八四年五月，聯經出版了三百多萬字由胡頌平編著的《胡適之先生年譜長編初稿》，為此而在一九八三年邀請余先生撰序，沒想到余先生在閱讀編校稿後竟然完成了一篇將近五萬字的長序，題為：〈中國近代思想史上的胡適〉，根據《長編》詳述了胡適思

想革命的各種問題。聯經於是將此序文另外單獨出版為專書，與《長編》同時發行。這個奇特的經驗沒想到竟然開啟了此後余先生為聯經的大套文獻由短序發展成為專書的奇妙經歷。這個情況很像一九二一年梁啟超為蔣方震的《歐洲文藝復興史》作序，孰意下筆不能自休，待序言初成，篇幅竟達五萬言，與《歐洲文藝復興史》相當，可是「天下固無此序體，不得已宣告獨立」，梁啟超將此序文自己定名為《清代學術概論》。

三、《重尋胡適歷程：胡適生平與思想再認識》，二〇〇四

二〇〇四年初，聯經準備要出版四百萬字的《胡適日記全集》，因而再度邀請余先生撰寫一篇序文，余先生說：「聯經出版公司毅然決定出版這樣一部龐大的日記，其原動力只能來自一種純淨的文化理想。……我在『義不容辭』的直感下一口答應了。」他並說，要「把《胡適日記全集》的史料價值充分而又系統地呈現出來。」經由《日記全集》的引導，余先生逐漸進入了胡適的世界，「反覆考慮之後，最後決定根據《日記全集》的內在線索，把胡適的一生分成幾個階段，並分別點出其與中國現代史進程的關聯。」於是一篇序文就發展成了將近九萬字的《重尋胡適歷程：胡適生平與思想再認識》的專書。

二〇〇四年四月十五日，余先生的信上這麼說：

載爵兄：

謝天謝地，總算寫完了最後一個字。

此文寫得如此長，實非始料所及。我心裡十分焦急，真怕誤了你們的作業。但我又不能潦草結束，有首無尾。只好拚老命日夜趕工，也不知究竟連累你們到什麼程度，現在後悔已不及矣。一個月寫了八、九萬字，此亦平生第一次的經驗，以後再不敢嘗試了。

看到「拚老命日夜趕工」，「以後再不敢嘗試了」，我真是既感謝又抱歉。然而，這本由短序變為專書的長文（後以此長文為主，加上其他有關胡適的文章，輯為《重尋胡適歷程》出版），卻利用了新史料為胡適勾勒了一個新的生命歷程。例如，挖掘出與Roberta Lowitz的一段情緣，澄清了胡適生命史上的兩個疑點：博士學位問題和哲學造詣問題。余先生引用日記資料，說明胡適在美國最後三、四年所受到的哲學訓練，足夠他研究中國哲學史之用。又在日記中發現一九二三年羅素（Bertrand Russell）為美國著名雜誌 The Nation 寫了《先秦名學史》的書評，說明胡適的西方哲學至少是合格的。至於引起最多爭論的博士學位問題，余先生除了在書中有所引證陳述之外，半年後又撰一文：「胡適『博士學位』案的最後判決」，引用胡適的日記、書信和英文著作做為證據，為胡適的博士學位問題作了最明確的澄清，余先生說：「八十五年來的一件疑案終於完全消解，再也沒有爭論的餘地了。」

他在二〇〇四年十一月十七日的信中這麼說：

載爵兄：

近寫〈胡適「博士學位」案的最後判決〉一文已成，一再斟酌，終於定稿。……我自覺此文發掘了胡先生生命史上重要的一頁，為從來所不知，不僅澈底澄清「學位」問題而已。我的胡適研究至此已終結了。

如信中所言，寫完這本由序轉為的書之後，余先生的胡適研究就告一段落。

除此之外，還要提到一件別具意義的事。余先生二〇〇四年四月二十一日的信特別交代編排時務必：

把「知識分子」改為「知識人」，我越來越不喜歡把「人」看成某種「分子」，所以再不用「知識分子」了。請注意。

我們都可以注意到，余先生的確在二〇〇四年之後，不論行文或訪談，就以「知識人」取代了「知識分子」。

四、《未盡的才情：從《顧頡剛日記》看顧頡剛的內心世界》，二〇〇六

在一個月之內，「拚老命」把原來的短序寫成《重尋胡適歷程：胡適生平與思想再認識》的專書之後，余先生說：「以後再不敢嘗試了。」

二〇〇六年，聯經又準備出版六百萬字的《顧頡剛日記》。這是顧頡剛除一九一三年及一九一九年的片段記載外，自一九二一年起，歷經六十年未曾中斷的日記，不僅是顧頡剛個人完整的生命史記錄，更是一部中國近代學術思想史的寶貴材料。基於這部日記的重要性，聯經再度邀請余先生撰序，而且說明是短序。余先生再度義不容辭的答應。沒想到歷史再度重演，原來的短序又發展成為十萬字的專書：《未盡的才情：從《顧頡剛日記》看顧頡剛的內心世界》。這是余先生第三次為聯經的大套文獻由寫序變為寫出一本專書。

二〇〇六年十一月十九日的信說：

載爵吾兄鑒：

> 顧《日記》序總算寫畢，勉可交卷。近一兩月事忙，不能專力於此，屢作屢輟。初只欲寫一簡要序言，提綱挈領，以為讀《日記》者之一助。但因材料太多，頭緒紛繁，愈整理則頭緒愈多，終至辭長不殺，真非得已。全稿完成後，回顧前面一、二節，又嫌過簡，結構嫌散，因此復改寫多頁。若有時間，從容再刪定一次，當比目前之稿為好，但實已不可能矣。此序內容甚新，因《日記》為初刊材料，我對於顧本人，從未瞭解到如此深度，新史料才能成新史學也。

「辭長不殺，真非得已」這八個字正足以說明由「義不容辭」到「下筆不能自休」的寫作過程。這篇序文與《從《日記》看胡適的一生》不同，讀胡適日記時，余先生採取藉日記的材料解答胡適一生各個階段的若干疑點的寫作角度，到了讀顧頡剛日記，則改為通過日記來窺測顧頡剛的內心世界。

余先生發現顧頡剛的事業心竟在求知慾之上，生命型態比較接近一位事業取向的社會活動家。更意外的發現是，顧頡剛「不僅僅是一位謹厚寧靜的恂恂君子，在謹厚寧靜的後面，他還擁有激盪以至浪漫的情感。他對譚慕愚女士『纏綿悱惻』的愛情，前後綿延了半個世紀以上，讀來極為動人。」這篇序文，就是深入顧頡剛的內心世界來瞭解他的志業、為學與為人，堪稱是首度揭露顧頡剛真實人生的第一部作品。

余先生在交出稿件後一星期（二〇〇六年十一月二十八日），寫了一封信給劉國瑞先生，談及本書稿酬的處理辦法：

國瑞吾兄道鑒：

近日屢得在電話中承教，至以為慰。茲有一點想法，經深思熟慮而得之，亦得內人淑平熱烈贊同，向兄鄭重提出，務乞俯允，並助弟完成一種誠摯之心願。此次為《顧頡剛日記》所撰序言，及另印單行本，弟擬獻於王惕吾老在天之靈，不受稿酬及單行本版稅，此書版權全部讓給聯經公司，即以此為憑。如聯經另有法律合同，需弟簽字，請寄版權轉讓（贈送）文件，弟必立即簽字後寄上，以完備法律手續。弟此意極誠極堅，務請兄垂鑒。無論如何，弟決不收任何酬報，如聯經寄來，弟亦只可退回，為此往復，大可不必。弟之微意，請兄體諒。此即昔人所謂「秀才人情」，殊不足道，然在弟則等於向惕老墳前燒一炷香也。

余先生在信中表達不接受任何報酬的意願，其背景我想是感念聯合報創辦人王惕吾先生對學人與文化事業的長期支持，包括《錢賓四先生全集》的出版（共五十四冊，一九九四－一九九八）等等。另外則是六四天安門事件爆發後，王惕吾先生對受到影響的學人、學生提供資助，並委由余先生處理。（請見丁學良：〈非常之時追憶非常之人〉）

儘管余先生表達了這樣的意願，但聯經還是覺得必須支付稿酬，以答謝余先生的辛勞。合約寄出後馬上收到余先生的回簽，但是在合約上加上了下面的聲明：

本書所有稿酬及版稅一律轉贈「聯合報系文化基金會」。

余英時親筆

二〇〇六年十二月十八日於普林斯頓

作為「士」、「君子」、「知識人」，余先生的高風亮節在這裡完全顯現出來。

二〇一四年五月四日是聯經創立四十週年，余先生撰寫〈感受與追憶〉一文（刊於《聯合報》副刊，二〇一四年五月一日）期勉聯經，文中也提到了這兩次由序成書的經驗：

繼國瑞先生主持聯經的是林載爵兄，我和聯經的友誼關係也通過載爵兄而延續了下來。他和我是歷史學的同行，思想上的溝通也一向順暢。事實上，自從他在一九八七年擔任聯經的總編輯以來，我們之間的往復已日趨頻繁。關於我從普林斯頓大學退休（二〇〇一）和八十歲生日（二〇一〇）的兩部論文集，篇幅既大，又不可能暢銷。載爵兄竟一本聯經傳統，毅然出版，使我十分不安。我只有將這種深厚情誼永藏胸中。

但我和載爵兄之間，作為作者與編者，卻有兩度最愉快的合作。載爵兄在出版《胡適日記全集》和《顧頡剛日記》之前都先後邀我寫「序」——延續我為胡適《年譜》寫序的傳統。他並沒有要我寫長序，然而我為了不負他的信託，兩序都是下筆不能自休。這是限時交卷的工作，不容我有所延誤，因此我夜以繼日，寫得非常緊張，也非常暢酣，是我寫作史上兩次最難忘的經歷。現在寫出來作為我們之間友誼的紀念。

五、友情的交流

余先生對學人、對聯經的照顧，還包括會推薦優秀的著作給聯經。

二〇一一年一月五日我接到了一封非常懇切的推薦函：

載爵吾兄台鑒：

今日得讀友人康正果先生《百年中國的譜系敘述》的〈導言：從價值轉換到歷史還原〉，甚為感動。康先生書中所收論文弟亦讀過若干，今合在一起，弟認為是「紀念中華民國百年」最上乘的作品。所以我寫此函致兄，請細心一讀。但康先生並未托我，他是最正直最有尊嚴的學人，從不求人為他的著作之出版向任何方面說情，……故弟特寫此函，誠心誠意作客觀之推薦。

此函緣起如下：康先生今日在電話中偶然提到他此書不易找出版者，已得一網上出版家同意出版，其中〈導言〉一篇，因丘慧芬介紹與錢永祥兄，並云兄看過亦覺有興趣。弟以此請康先生暫勿與網上出版家簽約，並請他傳真〈導言〉與弟一讀。今讀後甚為感動與佩服，故敢逕與兄相商。倘聯經能出版，則為大好事。但弟完全尊重兄及出版社之決定，只望能予此書稿一「鄭重而嚴肅的考慮」之機，決無私毫強說人情之意味。如兄與出版社經考慮後不願出版，弟絕不介意。康先生本無此想。弟慫恿他一試，故事無不諧，他也決不致見怪也。

康正果的《百年中國的譜系敘述》就在二〇一一年六月出版了。

就余先生個人著作的出版而言，〈感受與追憶〉一文中有這樣的一句話：「正是由於聯經對於無利可圖的學術著作抱著這樣嚴肅而又慷慨的態度，我才敢歷年來將多種專題研究之作首先送請聯經考慮，《論天人之際》（二〇一四）則是最近的一部。我早已到了老手頹唐的境地，今後是不是還有精力進行專題式的論著，那是絕對沒有把握的了。」

當時，我們以敬謹、感恩的心情來進行余先生以為的可能是最後一部學術專著《論天人之際》的出版工作。然而，在幾次電話聊天當中，余先生會提及他接下來最有興趣的題目是：唐代的高僧（禪宗和尚）與詩人。一方面是他的著作涵蓋春秋戰國、漢、魏晉、宋、明、清，到現代，獨缺唐代；一方面是他要經由唐代最有創造力、精神境界最高的兩種人：高僧與詩人，來貫通中國的精神史。

非常遺憾的，我們再也期待不到這本鉅著的誕生了。然而，他留下了一個他所嚮往的生活世界，讓我們繼續逐夢：

「我嚮往的生活和絕大多數現代人大概沒什麼不同，即一個「和而不同」的多元社會。在這種社會和文化安排下，人與人之間能互相尊重、容忍，過的是有人情味的共同生活。我絕不主張極端的個人主義，但我相信社會必須以個人為本位。只有如此，所有不同的個人才都能發揮他（她）的天賦才能和追求一己的理想。

中國古代有一首民歌：『日出而作，日落而息……帝力於我何有哉！』這一嚮往在今天更為迫切。『帝力』代表政治力量，作為維持群體的『秩序』，不能不存在，但它應限制在最小的限度，使人不覺其存在。政治力量對人生各方面的干涉，越少越好。這樣便會出現一種『有自由的秩序』或『有秩序的自由』。

一百多年來，中國絕大多數人都在追求這樣一種合理的秩序。在這一追求中，知識人的責任最大，這是中國特有的文化傳統。所以中國知識人在自己的專業之外，還必須發揮公共知識人的批判精神，不為『勢』或『錢』所屈服。但是這是指建設性的批判精神，不是撕毀一切文化傳統——包括中國的和外來的，撕毀一切則最終必將陷入虛無主義。」（二〇〇六年十二月十五日，上海《東方早報》，陳怡專訪余英時：「今古逍遙知識人」）

最後，回到余先生與聯經的因緣上。今年七月十六日，我向余先生提議出版一本新的論文集，及為聯經已出版的各書題字，以便重新排版，同時也向余先生介紹新任總編輯涂豐恩，敬請日後給予指教。出版新文集一事，他要我全權處理，題字則擇日進行。七月十七日收到他的回信：

大函收到，共兩張：一即信，另一目錄一頁，未列各書名稱。我年邁，記憶不佳，請貴社開列一詳實書名，當一次寫成寄上。承介紹新總編輯涂豐恩先生，以後當有領教的機緣，先此致謝。

萬萬沒想到，兩個星期後，八月一日，余先生辭世。

在〈感受與追憶〉這篇文章中，余先生說：

最後，我必須鄭重聲明：我和聯經之間從一開始便遠遠超出了作者和出版家的契約關係。我每次在聯經出版一本書，都覺得是一次友情的交流。

作為出版人，我們永遠記得余先生與聯經的友情，以及因為出版他的著作而對華人世界產生的深遠的影響。這段友情更將激勵我們繼續往前發展。

二〇二一年八月二十七日

（原載「聯經思想空間」：網址https://www.linking.vision/?p=4228）

余英時先生的古人精神世界

梁其姿

中央研究院院士。曾為中央研究院中山人文社會科學研究所研究員兼所長、歷史語言研究所研究員。現為香港大學香港人文社會研究所歷史講座教授。

今年八月五日早上收到余英時先生夢中仙逝的噩耗，不能置信。幾天前才收到余師母寄來余公在 Asia Major 的最新文章與英譯專書，不久前還在電話裡與他們兩位閒聊了幾句。人生無常雖是耳熟能詳的真理，但始終是情感上難以接受的現實。很奇怪地，消息傳開後那幾天，除了心神不寧外，不斷浮現在我腦海中的是我第一次與余公在中研院的相遇，那是一九八四年七月初在中研院舉辦的中國思想史暑期研討會的情景。雖然之後我們多次相聚，我也聆聽了多個余公的演講，但一九八四年炎夏的講座歷歷在目，印象最為深刻。我一直在思考為甚麼余公的遽逝會觸動這段埋藏近四十年的記憶。我猜想這其中有當時中研院的大環境因素，但主要是余公演講內容的因素。

先談中研院在一九八〇年代的大環境。我一九八二年到才成立一年的中研院三民主義研究所（即後來的社科所與今天的人社中心），當時臺灣經濟起飛，正值中研院五年發展計畫的中期，院內硬體軟體的快速提升舉目皆是：現代化大樓一棟棟蓋起來，圖書館、研究室、會議空間在幾年之間幾乎全面翻新。而同時每年都有畢業於海外著名大學的優秀年輕學人入職，十分熱鬧。當時中研院的學術氛圍用生氣勃勃來形容並不為過。新進人員多充滿幹勁、求知若渴，並熱心於國際學術交流。一群志同道合的同儕還共同策畫了一個維持了十年左右的西洋近代經典翻譯的計畫，得到余公的支持，為叢書撰寫總序。[1] 那幾年，為了推動院內人文社會科學發展，有好幾個由資深與年輕學者合力籌辦的專史研討會與講座相繼舉辦，其中思想史和社會經濟史尤受到重視。前者由三民所、史語所、近史所年輕學者共同推動，後者由許倬雲，劉翠溶兩位前輩籌辦，均吸引了許多中研院內外的年輕學人參與。我的研究雖然較傾向社會史，但因為我人在三民所，也全程參加了思想史研討會。

思想史暑期研討會在一九八三年開辦了第一期，由林毓生先生主講，廣受學界重視，先打響了第一炮。一九八四年第二期為期三週的研討會在臺灣學術界造成轟動，因為三位主講者均是重量級的資深學者，也是媒體高度關注的人物。除林先生外，就是余英時與張灝兩位先生。這個在南港炎夏中進行的講座系列，在三民所明亮、寬敞、有舒適冷氣設備的新蓋大樓會議廳舉行。我清楚記得講座那些天座無虛設，盛況空前，也有媒體採訪與廣泛報導。充分顯示了中研院新一代人文學者的企圖心。我們均抱著向前輩學習新知的興奮

1 這個叫「新橋譯叢」的計畫由余公高足、英年早逝的康樂主導。在一九八〇年代初期開始，至今出版了四十多種譯著。當年曾參與這個計畫的中研院年輕歸國學人除康樂外，還有邢義田、黃進興（另一余公高足，現中研院副院長）、張彬村、蒲慕州、周婉窈、羅久蓉、劉錚雲等。筆者主編法國年鑑史學部分。譯叢的重點在韋伯（Max Weber）的著作，由康樂與同時期歸國的錢永祥主導。余公在一九八七年出版的《中國近世宗教倫理與商人精神》其實也呼應了當年中研院年輕學人的學術旨趣。

心情參加講座與研討會。同時對身為中研院的生力軍感到驕傲，面對未來學術發展的挑戰，躍躍欲試。當年充滿熱情與樂觀的年輕學者在院內的確形成一股力量。由於本文主要是為了追憶余先生，允許我集中記述這場學術盛宴中余先生的部分。其實林先生與張先生的講座影響深遠，但是由於他們的演講主要涉及思想史的西洋方法論，對我而言相較熟悉，淡化了對他們演講的記憶。而余先生的講座的內容，對我來說是最陌生的，反而對我衝擊最大，留下的印象最深刻。

當年余先生的講題是「陳寅恪晚年詩文解讀」。我是在香港出生長大的人，中學大學時用英語學習中國歷史，留學法國寫了當代中國史的博士論文，對中國傳統史學了解淺薄，更缺乏中國古典文學的修養。我雖然對陳寅恪這位曾任教於香港大學的著名學者略知一二，但從來沒有讀過他的歷史著作。余公的講座又主要用（對我而言）艱澀的典故去解讀隱藏在陳寅恪詩文中的「今情」——即陳先生在一九五〇至一九六〇年代面對殘酷政治現實時所表達的悲憤與抗拒，所以在聽講前我並不期待能充分享受這個講座，只希望能從中獲得多一些歷史知識。奇怪的是，講座那幾天我與在場的所有聽眾一樣，自始至終全神貫注地聆聽余公的講解，完全被他講述的每個細節所牢牢吸引。當時除了余公的講話，全場鴉雀無聲。我記得他基本上不看講稿，陳寅恪的詩文、文史典故全都在他腦中，講解需要時即轉身在黑板上揮筆，邊寫邊唸，並系統地逐字解碼，一氣呵成。雖然方法一直重複，即是引經據典去解讀陳寅恪詩文批評時政的原意，但聽者絲毫不覺沈悶，因為每個被解開的密碼都引出一段曲折的歷史往事，每個隱喻都承載著中國經典裡最典雅的精神，與政治現實的醜陋形成強烈的對比。余公引用典故隨手拈來，看似輕鬆平常。他樸實無華的身體語言，從容不迫、不徐不疾、一步步地帶領聽者進入他的「暗碼」系統。當時我覺得好像在看一部精采而不花俏的偵探片，被逐步引導去發掘隱埋的一條條線索，最後與主角一同分享發現新證據的滿足感。四十年後，雖然我已完全記不起那些具體的詩句密碼，但整個奇妙難忘的過程仍歷歷在目。我沒有資格評論余公的考據是否完全成立，但我絕對可以說他的講座是一場精采絕倫的演出（performance），而「演出」一詞毫無貶意，因為能引人入勝、讓人難忘而內容充實的演講非常罕見。同時，我覺得另一個讓我對這次講座念念不忘的原因是當時似乎有一股莫名的、動人的氣場，感染了整個講堂。我一直不太明白這股氣場的性質與來由，因為演講的主題其實並不複雜難懂，而余公演講的語氣態度自始至終平和，不帶抑揚，亦沒有明顯的情緒起伏。為了找尋答案，近日翻查各種資料，讀到余公為《陳寅恪晚年詩文釋證》第三次結集（一九九八）所寫的序，覺得答案可能就在這裡：「通過陳寅恪，我進入了古人思想、情感、價值、意欲等交織而成的精神世界，因而於中國文化傳統及其流變獲得了較親切的認識。這使我真正理解到歷史研究並不是從史料中搜尋字面的證據以證成一己的假說，而是運用一切可能的方式，在已凝固的文字中，窺測當時曾貫注於其間的生命躍動，包括個體的和集體的。……我對此書有一種情感上的偏向。因為它已不是外在於我的一個客觀存在，而是我的生命中一個有機部分。……此書不是我的著作，然而已變成我的自傳之一章。」[2] 一九八四年的演講可說是余公這個漫長的心路歷程的構成部分，[3] 我們當時是隨著他與陳寅恪先生的心靈交流，不知不覺地漂進了古人的精神世界裡神遊一周。是這個意外而奇妙的旅程讓我深受感動，至今難忘。

余先生在一九八四年七月演講，八月《陳寅恪晚年詩文釋證》初版在臺北出版，可見演講時他對內容已胸有成竹。書面世後免不了惹來某些議論與批評。但他萬萬想不到三年後，即一九八七年他間接得到陳寅恪女兒帶給他的話，說陳先生讀過他近三十年前，在一九五八年發表的〈陳寅恪論再生緣書後〉（為《陳寅恪晚年詩文釋證》書中一章），並說「作者知我」。余公讀到此句的那一刻「心中的感動真是莫可言宣。……我所獲得的酬報都已遠遠超過我所付出的代價了。」[4] 一九八四年夏天他在中研院演講時尚沒有這個重要的確認，可以想像他當時雖然對自己的考證功力有信心，但仍承受著一定的壓力，而大概就是這個壓力促成了一個空前絕後的精采演講。現在《陳寅恪晚年詩文釋證》一書的讀者可在文字中細嚼余公深厚的考證功夫，但是只有參加了一九八四年在南港炎夏中進行的講座的觀眾才曾體驗余先生與不同時空的古人心靈溝通的動人過程。我是其中一個幸運的見證者。我相信我這輩子不會再看到另一場類似的演出了。隨著余公的離去，還有誰具備這種能力帶領我們穿透凝固的文字去體會古人世界中的生命躍動呢？

（原載《古今論衡》第三十七期，二〇二一年十二月）

2 余英時，《陳寅恪晚年詩文釋證》（臺北：東大圖書，一九九八），〈書成自述〉，頁十五—十六。

3 一九八四年除了《陳寅恪晚年詩文釋證》初版外，余先生還在報上發表了幾篇與陳寅恪研究相關的長文。包括〈文史互證．顯隱交融〉，〈陳寅恪的「欠斫頭」詩文發微〉等。

4 余英時，《陳寅恪晚年詩文釋證》，〈書成自述〉，頁六。

涓滴教誨見真情
——懷念余英時先生

邵東方

曾任教於北京師範大學、新加坡國立大學、美國史丹佛大學，現為美國史丹佛大學東亞圖書館館長。

一

大暑節氣後的八月一日凌晨從夢中醒來，夢境裡余英時先生為我在四條竹簡上分別題寫了一句詩，儘管我一再說不必為之操心費力了，他還是堅持要將這些竹簡全部鑲嵌起來。這個夢讓我想起，距離六月初的兩次通話，我已有近兩個月沒有向余先生和余太太陳淑平女士致電問安了。等到中午時分（余先生一般是晚睡晚起），我給余府撥打電話，無人接聽，遂在晚間再次撥打，還是沒人接聽。次日及八月四日白天我又接著撥打數次，均無人接聽電話。我便開始有些擔心，因為兩年前余府曾發生過電話不通的狀況，後來向普林斯頓大學歷史系邊和教授打聽才知道，當地的暴風雨造成余先生家中停電和電話中斷。然而最近普林斯頓一帶並無惡劣天氣，莫非余先生或余太太那裡發生了什麼意外？

八月四日傍晚，朋友發來短信告知網上傳聞：余先生於八月一日早晨在睡眠中辭世。我不敢相信這則傳聞是真的，因為余先生在幾年前大病痊癒後，除了有些重聽外，血壓等指標都很正常，身體還是不錯的。於是通過我過去在史丹佛大學的學生喬志健教授向邊和教授查證。可是不巧邊教授因近期不在普林斯頓大學校園而無法確認此消息。我便給在臺北的友人、余先生的弟子王汎森博士打越洋電話詢問。在電話中王兄沉痛地告訴我，余先生確實已經溘逝，根據余先生的生前遺願，喪儀從簡，因此余太太和兩位女公子在余先生骨灰葬禮後，才於八月四日向外公布余先生仙逝之訃。

清人趙翼有詩云：「噩耗傳來夢亦驚，寢門為位淚泉傾。」此詩句準確描述了我在獲知余先生遽歸道山之後且駭且痛的感受。我本想連夜打電話向余太太表示慰問，但又擔心影響她和家人處理喪事後的清寧，因為她們都行事低調、注重隱私，不希望外界過分打擾。可是哀慟之餘，悼念之情難以排遣，心增鬱塞。因得知余先生安葬在普林斯頓陵園（Princeton Cemetery）他父母墓地的旁邊，於是想到若趨謁墓地祭拜余先生，或可比較充分表達我的哀思，以慰泉壤，便與友人朱先生商量一道驅車前往普林斯頓。

八月五日上班後，我向國會圖書館克魯格中心（The John W. Kluge Center）主任 John Haskell 通報了余先生逝世的噩耗，並請中心擇日發布訃告。在安排好工作後，我便與朱先生在八月六日清晨開車前往普林斯頓。我們在中午之前抵達校園北邊的普林斯頓陵園，是第一批前來祭拜余先生的人。在普林斯頓逗留的兩天期間，我們頂著烈日酷暑，先後三次前往陵園，墓碑尚未刻鐫樹立，墓堂亦未告竣，我們向余先生長眠之地鞠躬祭拜、獻花致哀、為余先生墓穴前的花木草地澆水。同時我也給安葬於同一陵園的友人、普林斯頓大學東亞圖書館前館長馬泰來（一九四五—二〇二〇）博士祭掃墳墓，敬獻了鮮花。因為疫情的緣故，我們不便進入余府打擾，只是將汽車停在宅前的車道上，下車面向余府，肅立默哀，表示敬意和悼念，並祈余太太節哀順變，保重身體。

八月七日下午，在我們即將離開普林斯頓時，突然接到余太太的電話，說知道我到了普林斯頓。我很驚訝，因為此行並未告訴她。余太太幽默地說她有「千里眼」（我後來才知道是王汎森先生告訴她的）。余太太問我是如何找到余先生的墓地的，我告訴她是在向普林斯頓墓園的一位年輕工作人員詢問後，他特地開著電瓶車帶我們去的。在得知我要購買鮮花省墓後，他便介紹了一家叫做 Vaseful Flowers & Gifts 的花店。余太太說墓園的工作人員都待人誠懇，認真負責，悉心盡責地照顧著墓地。她又問我是否看到洪家墓地（友人茅以森的外祖父母即洪業先生弟弟、弟媳，以及外叔公皆安葬於此），因為洪家的墓地就在余先生父母墓地的後面。

我向余太太轉達了朋友們的哀悼和慰問。余太太對我說，她是從一而終的人。而她對人之生死的態度豁達開通，以為死生前定，凡事莫非緣法。她說：「余英時在睡夢裡離開。他現在可以在天上與他的父母和我的父母交談了。」她說余先生的墓穴很深，她們在骨灰罈周圍撒了許多茶葉（余先生生前喜歡喝茶，惟鍾愛臺北全祥茶莊特製的龍井綠茶），埋放了余先生的墨筆和稿紙（余先生畢生長於撰述，著書尤多），但忘記放進他生前使用的茶杯。我說或可在立墓碑時再放入墓穴。余太太提到，余先生去世後，她沒有立即發訃，這是她和余先生生前的約定。直到余先生安葬之後她才通知了中央研究院和普林斯頓大學的有關人士，連她的兄長也是從外界的新聞發布始知余先生謝世的。那幾天她一直將家裡的電話設置為靜音，不願意麻煩別人。余太太還很客氣地說：「因為余英時的關係，我有了像你這樣可信任的好朋友。」

我問余太太準備如何處理余先生的書籍及手稿。余太太說，余先生生前對這件事持很開放的態度，不想為此麻煩別人，並說有臺灣學術部門有興趣收藏。我深知余先生平生謙抑，不願讓朋友為他個人的事費心。於是向余太太建議，或可將國會圖書館作為捐贈計畫的備份典藏地點，華盛頓畢竟距離普林斯頓比較近，而且國會圖書館是具有權威性的安全收藏機構，今後如想查閱余先生的書籍手稿也比較方便。

余太太還讓我轉告胡復先生（胡適之博士的唯一嫡孫），他寄贈的慰問花籃已收到，並提到他在余先生今年生日時也曾寄來花籃祝賀。余太太囑咐我向胡復和他姨母曾淑蘭女士表示謝意和問候，因為她目前暫時不能與大家通話道謝，只能先讓我代為傳話。我提到當天早上在余先生安葬處，看到傅鏗夫婦獻送的花束及他們留下一張有紀念文字的紙條。她說：「傅氏夫婦都很好，是上海人，傅太太常常做好吃的東西送給我們，所以余英時不缺好吃的。他們說今天是余先生的頭七。我這個人可能比較西化了，所以不太清楚頭七和五七之類的習俗。」我回家查詢後告訴余太太，按民間習俗，頭七一般指死者辭塵的第六天晚上至第七天清晨，其魂魄會回家，所以家人要為死者準備一頓餐食。

八月九日十一時許，余太太再次來電話，說今天去到墓地，看到我放在墓前的鮮花和余先生的遺照及題贊，表示存殁均感。還說普林斯頓大學東亞研究系主任田安（Anna Shields）教授給她打電話告知，普林斯頓大學校園從明天起降半旗三天以悼念余先生。余太太希望讓我代她向所有吊死慰生的朋友轉達衷心的感謝，盛情已領，容她目前不能一一回謝，至深歉仄。余太太說余英時是一個很低調和單純的人，從來不想出風頭，沒料到他的去世引起這麼大的反響。我答道，大家都想表達一下對余先生的悼念之情，「思由憶生，不憶故無情」，所以形成了一個悼念的高潮。她說大家的心情是完全可以理解的。

從普林斯頓回到家後，內人告訴我：她八月六日到本地郵局寄呈我們給余太太的悼唁卡片，用的是我在幾星期前為準備寄給余先生的資料而事先寫好地址的美國郵政優先快件（Priority Mail）信封。郵局的一位亞裔女營業員看到信封上余先生的名字後說："He just passed away."這偶然的一句話反映出余先生在美國亞裔中的知名度。

八月十一日，我收到美國歷史學會（American Historical Association）執行編輯 Laura Ansley的電子郵件，說芝加哥大學歷史系彭慕然（Kenneth Pomeranz）教授（美國歷史學會前任會長）推薦我為美國歷史學會官方期刊*Perspectives on History*（《歷史的展望》）撰寫紀念余先生的訃聞。美國歷史學會是美國規模最大、歷史最悠久的專業歷史學家團體。對我而言，能在國際主流的史學刊物上發表紀念余先生的文字，不僅是義不容辭的責任，更是一種榮譽。根據刊物的要求，此類紀念文字通常偏重逝者的職業生涯，尤其要體現史學界同行對逝者的專業性評價，包括逝者對同事、機構、專業及歷史學領域的貢獻和影響（In Memoriam essays focus on the subject' s professional life, but above all should be a historian's appreciation of a fellow historian, including their influence on colleagues, institutions, their field, and the discipline）。我連續數天重讀余先生的重要著作和生平資料，盡量提取學術菁華，構思這篇英文限字六百五十至七百的訃聞，以簡明扼要的方式，展示余先生的主要學術特點及其貢獻。幾天之後寫完初稿，但字數遠超預期，寄呈友人費樂仁（Lauren F. Pfister）教授加以刪減潤色，形成長短文稿各一篇。短稿已經編委會審查通過，預定刊載於今年十一月號的《歷史的展望》。希望此篇訃聞的發表能使西方史學界再次認識余先生對中國史學研究的貢獻，於我個人而言，亦可聊表對余先生的仰慕之情。

二

幾天來，我和余先生三十年相識相交的往事不斷地浮現在腦海中。我最初是在一九九〇年六月通過來美國訪問的冒懷辛先生介紹和余先生建立書信聯絡的，冒先生是中國社會科學院歷史研究所研究方以智的專家，當時正在夏威夷大學講學，並應余先生之邀訪問普林斯頓大學。由於本師劉家和先生是錢穆先生在內地最後的一批學生之一、而余先生是錢先生在香港的第一批學生之一的緣故，我們的往來書信從一開始就非常自然，無拘無束。

我初次見到余先生則是一九九一年二月十七日在檀香山國際機場，由於航班在晚上抵達，李歐梵教授囑咐我去機場接余先生，以便次日參加在東西方中心舉行的「文化與社會：二十世紀中國的歷史反思」國際會議。我至今還記得當時見面的情形，余先生不顧十幾個小時的旅途勞頓，到達東西方中心林肯招待所後，堅持要留我在房間裡交談一下。時隔多年，當時談論的許多細節至今記憶猶新，記得余先生詢問了我以清代學者崔述為題的博士論文的進展，並且很耐心地回答了我請教的清代學術的幾個問題。余先生回憶了我的兩位恩師劉家和先生和何茲全先生一九八八年到普林斯頓與他見面的情形，三人在一起交流極為融洽。他還風趣地提到了冒懷辛先生訪問普林斯頓時不修邊幅的趣聞。言談之中，彼此深感投契。接下來的幾天會議使得我和余先生有了進一步的接觸和交流，也開始了我們之後三十年的友誼。關於余先生和我參與此次會議的情況，可參看王元化先生的〈一九九一年回憶錄〉。[1]

我和余先生比較頻繁的接觸開始於二〇一二年四月我到美國國會圖書館亞洲部任職之後。我家距離余先生居住的普林斯頓只有不到四個小時的車程，因此能夠每年有一到兩次的機會驅車北上拜望余先生和余太太，得以面承先生之教。就我記憶所及，在這七年多的時間裡，我登門訪問不下十次，而平時的互通電話以及書信、傳真則不計其數。

我最後一次與余先生見面，是在二〇一九年五月二十五日陪同老同學羅原從華府到余府拜會。之前羅原曾和夫人高楠女士與我和內人在二〇一五年十一月一日看望過余先生夫婦。這次再見面時，余先生和羅原略慰數年相憶之情。隨後余先生很感慨地對我說，我們兩人也認識很多年了，初次相遇還是到夏威夷參加東西方中心會議的時候。他提到開會期間我的老師陶天翼教授（陶百川先生的長子）專門請他吃飯，稱讚陶先生是一位老實厚道的人。接著余先生向我介紹了一本香港學者陳祖為（Joseph Chan）的新書：*Confucian Perfectionism: A Political Philosophy for Modern Time*，他認為陳氏關於儒家與民主精英的觀點值得重視。余先生又很高興地告訴我，他向香港中文大學出版社推薦出版了他過去的博士生也是我在夏威夷大學的同學趙結（趙儷生之女）教授的著作 *Brush, Seal and Abacus: Troubled Vitality in Late Ming China's Economic Heartland, 1500—1644*。余太太也興致濃厚地加入談話，她特別提到他們余、陳兩家與數十年中國現代歷史人事世變有很大的關係。大家還一起討論了不少美國的內政問題。我們從下午三點坐到六點多鐘，余先生夫婦一定要留我們吃晚飯，我們堅持不要麻煩兩位老人，遂向他們起身道別。臨離開前，余先生在門口大聲地叮囑我：「你的工作很忙，一定要注意身體健康！」當我徐徐開出余府

1 王元化，〈一九九一年回憶錄〉，《九十年代日記》（上海：上海古籍出版社，二〇〇八），頁五〇—七六。

長長的車道時，望著暮色中余先生的身影，不由生出一種離別的傷感，兩眼變得有些模糊。而我卻沒想到，這竟是我最後一次和余先生見面！

疫情期間，我曾多次和余先生、余太太通電話，互致問候。近幾年來，余先生有些重聽，有些電話是透過余太太溝通，但是重要的事情，余先生則是在余太太撥通電話後親自說話。我們最後一次通話是六月四日，晚上九時五十分余太太來電話說：「余英時要和你說話。」余先生先是答覆我前一天在傳真中的問題，即記載何兆武先生到耶魯大學訪問余先生一文作者的真實姓名。那篇發表在「澎湃新聞」的文章為〈何兆武因翻譯《西方哲學史》戴上反革命的帽子〉。余先生說作者是中國社會科學院近代史研究所的喻松青女士，她當時（一九八二年秋）在耶魯大學做訪問學者，研究明清兩朝的寶卷。余先生請何先生到家裡吃飯，喻女士作陪。余先生說自耶魯大學別後與何兆武先生就聯繫不多了。在六月一日的通話中，余先生在得知何先生以百歲高齡去世後，囑咐我向清華大學治喪委員會轉達他的悼念，並說何先生是得享期頤高壽。我談到有一年（約二〇〇八年）何先生托我把《上學記》的修訂本帶到美國轉給余先生。由於初版裡面何先生對馮友蘭先生在西南聯大的一些做法頗有微詞，馮家後人表示抗議，何先生不得不刪去有關部分，又出了修訂版。余先生問我如何與何先生比較熟悉，我說因冒懷辛先生的緣故而早在一九八五年就認識了何先生，上世紀九〇年代末我曾邀請何先生到新加坡國立大學開會，以後休假回北京時常去看望他。余先生記得何先生曾協助侯外廬撰寫中國思想史。我提到何先生還有《上班記》（即一九四九年之後的經歷）的稿子，在世時不敢出版，因為怕得罪人，其中談到侯外廬、顧頡剛、謝國禎以及歷史所的領導。交談中，我感謝余先生日前賜寄新書 *The Religious Ethic and Mercantile Spirit in Early Modern China* 和最近在 *Asian Major* 發表的文章“Confucian Culture vs. Dynastic Power in Chinese History”。承蒙余先生高擡稱舉，賜文上端親筆題字：「東方兄正之　英時贈　二〇二一年五月」，並在贈書扉頁題簽：「東方吾兄正之　弟英時敬贈　二〇二一年五月二十六日於 Princeton」。余先生說他現在很少寄書給人了，只寄給極少數的朋友，等九月份他的自傳英文版出版後再寄給我。我明白，余先生饋贈大作，是讓我留作永恆的紀念。我提到田浩（Hoyt Cleveland Tillman）對 *The Religious Ethic and Mercantile Spirit in Early Modern China* 英譯文進行區別取捨，做了很好的整理編輯。余先生對此深表贊同。我還告訴了余先生一些友人的情況，如 P. J. Ivanhoe 最近獲任喬治城（Georgetown）大學東亞研究系主任，友人莊因先生多年前為他取中文名艾文賀，而他和他的博士導師倪德衛（David S. Nivison）恰巧是同一天生日，這在師生中是罕見的。我們聊了二十多分鐘，不料這竟是我和余先生的最後一次談話。

余先生與我這樣一個晚輩學人談話時，始終是一種出於自然的對人平等的態度，他知我慎言謹行，我們的價值系統又大體相近，所以我們之間幾乎無所不談，十分投緣。余先生在學術上的深厚造詣，學界早有公論，而每相論學，他總是那樣的謙和，從不居高臨下，讓人感到有壓力，這也是余先生的人格魅力所在。《朱子語類》原序云：「晦庵朱先生所與門人問答，門人退而私竊記之。」我效法朱子門人，每次長談後便將縈迴在腦際的談話內容記錄下來。歷時近十載積纍的三本筆記，記載了我生平極為珍惜的一段經歷。余先生關於思想學術的談話，字字珠璣，儘管記錄未必盡得余先生所言本旨，但每次翻閱都能使我不斷從中得到思想和知識的滋養。筆記中還記錄著余先生對我的充分信任和關心愛護，語語真摯，他親切的音容印刻在我的談話筆記之中。

余先生向我講述現代學術時最精采的部分，就是他對若干華人學者的評論，特別是他對諸位史學家學術成就和為人處事的褒貶，勾畫出中國近現代學術的特質，尤其是史學的變化軌跡、發展特點及未來展望。分析之精當，令我深為嘆服。希望今後在適當的時候，我能把這些記錄整理成冊，或許能為中國現代學術史提供一些新的資料。蘇軾曰：「詩至於杜子美，文至於韓退之，畫至於吳道子，書至於顏魯公，而古今之變，天下之能事盡矣。」借蘇子之言，我認為中國史學至於余英時先生，而古今之變，天下之能事盡矣！

三

在二〇〇八年的初秋，我從紐約驅車前往余英時先生府上拜訪。這是我時隔九年再次見到余先生。一九九九年六月我和友人、史丹佛大學哲學系榮休教授倪德衛先生曾到普林斯頓大學與浦安迪教授（Andrew Henry Plaks）討論《竹書紀年》的英譯項目，會後余先生邀我們到他的辦公室敘談了一個下午。而二〇〇八年這一次我借著看望的機會，對余先生進行了一次學術採訪。儘管余先生在前一段時期貴體欠安，但還是對這次訪談作了充分準備。在長達三個多小時的訪談中，余先生對自己治學的經歷和經驗娓娓道來，讓我這個晚輩學人受益匪淺。他磨而不磷、涅而不緇的節操，令人仰慕不已。這次訪談的記錄已收入我為余先生編輯的《史學研究經驗談》一書之中。[2]我在此書的編後記中寫道：

對於余先生的學術成就和人格風範，海內外學林早已有公論，在此不再贅述。孟子曰：「五百年必有王者興，其間必有名世者。」學術史的演變就像社會歷史的發展一樣，並非能簡單地歸納成一種累積式的進化。余先生作為在中國學術史上具有時代意義和發生不朽魅力的學術泰斗之一，是在上個世紀某種特定的政治與文化條件下出現的。儘管近年來國內外的人文學研究在各個領域有了長足發展，「江山代有才人

2 余英時著，邵東方編，《史學研究經驗談》（上海：上海文藝出版社，二〇一〇）。

出」，然而產生余先生這一代「師承國學大師、遙領西方漢學」的通儒的學術環境已不可復得。所以我認為像余先生這樣的會通古今、融貫中西類型的文史大家，近期內在中國學術界以至海外漢學界無能出其右者，誠如錢鍾書所謂「海外當推獨步矣，即在中原亦豈作第二人想乎」！

「高山仰止，景行行止」，吾雖不能往，心向往之。記得十一年前余先生曾抄錄孟子之名言及胡適之佳句，托我轉贈吾友陳寧博士：「富貴不能淫，貧賤不能移，威武不能屈，時髦不能動。」我想這些話也應當是對余先生行誼的最為恰當的寫照。最後讓我改寫前人之語來作為這篇後記的結語：

> 今之儒者，道德文章足以楷模百世、矜式士林者，厥惟以潛山余先生英時教授為最。先生為一代儒林宗碩，通知大義。中國文化之所以傾而未頹，決而未潰，皆先生諸仁人君子心力之為。

「雲山蒼蒼，江水泱泱。先生之風，山高水長。」今天，余先生已經登仙而去，他的離去使我失去了一位最敬重的良師益友。最後，我還是想用上面十一年前所寫的話，作為這篇悼念余先生文字的結語。

二〇二一年十月十四日謹書於美國華盛頓國會圖書館

附識：二〇二一年十一月二十一日，北上普林斯頓，趨赴余府看望余英時先生夫人陳淑平女士。在余先生的書房，撫書籍而盤桓，感觸良多。斯人已去，風範長存。承蒙余太太贈與余先生生前新置大號毛衣一件，著之於身，溫煐如襦。

（原載《漢學研究通訊》第四十卷第四期，二〇二一年十一月）

余英時老師
——早年的回憶與永久的懷念

陳國棟

現為中央研究院歷史語言所研究員。

余英時老師駕鶴西歸，不巧遭遇時疫肆虐，聚會追思不易。乃應李所長之請，略記與余老師往來之事，以見余老師待人處事之周到及其對世人影響之深遠。[1]

我本人在一九八四年到耶魯大學歷史系就讀博士班，指導老師為史景遷教授。當時系中共有三位中國史教師，大致以西元一六〇〇年為界，分擔教研工作。史景遷之外，另一位白彬菊（Beatrice S. Bartlett）助理教授也開設一六〇〇年以後的中國史課程。余老師一個人單獨擔當一六〇〇年以前中國史的教學，並且指導研究生。我到耶魯的第一年，余老師只在大學部有課，我就去旁聽了幾個星期。沒有繼續，因為隨著時間前進，課業壓力排山倒海而來，連美國同學見面問好，都變成“What's up?”或“Are you surviving?”我作為外國學生，不懂應付作業（assignments）的竅訣，左支右絀，即便焚膏繼晷至更移三鼓也還焦頭爛額，只好「中輟」旁聽的課。承余老師諒解，實在慚愧！我雖然與余老師在耶魯有三年的時間重疊，卻也就沒有再進他的教室。

但在教室之外，經常得到余老師的照顧。除了在研究生院走廊巧遇的交談外，他也給了我不必先約就可以隨時到他研究室「聊天」的邀請，讓我隨時擔心塞在「瓶頸」的處境，有了一個「叫天天應，叫地地靈」（deus ex machina）的護持。

耶魯在新港市（New Haven City），余老師家在橙郡（Orange County）。兩地之間頗有一段距離，要有車子才能來往，而我不能開車。旅美的前兩年，我尚未婚，余老師也掛念此事，每逢余家有聚會，或者適逢中國年節，余老師總找我去，而且還幫我安排便車。不便時，則更勞煩余師母 Monica 接送。

當然，每次我都盡貯吾腹。更厲害的是，腦袋也裝到豐盛的大補帖。余老師在橙郡的房子頗為寬敞，聽說在地下室有個很大的書房，或說是書庫吧！（應該就是最近很多媒體刊登的照片所見。）記憶中，我沒下去過，或者僅是轉了一下而已，未曾逗留。我也沒有在橙郡的院子蹓躂的印象。

通常我一到，余老師就讓我和其他客人進到起居間，閒聊——其實，我也只能答話，講不出什麼東西。余老師總是興致高昂，分享一點儒林外史，更多的是他的心得創獲。我因為在臺大碩士班時作過粵海關監督的研究，因此用心留意重要內務府包衣的傳記。然而要不是余老師拿出麟慶的《鴻雪因緣圖記》[2]，並且娓娓細述他的想法，我到那時候都還不認識完顏氏這個重要的內務府家族。當夜之後，我從麟慶的生平研究開始，後來也作了一些相關探索，發表過幾篇與這個家族有關的文章。[3]此外，余老師也提到《鴻雪因緣圖

1 稱余英時院士為老師，實係當面之時如此稱呼，積為習慣，無由更改。

2 我到美國的一九八四年，北京古籍出版社正好翻印了道光二十九年的原刻本，有人捎了一套給余老師。

3 最早的一篇是：Kuo-tung Ch'en, "The Wanggiyan Clan of the Imperial Household Department," *Proceedings of*

記》可以說是清代繪圖本自傳的先聲之一，於是我才注意到也為自傳配圖的張維屏《花甲閒談》[4]與張寶《泛槎圖》[5]。後面這兩位作者和我經常研究的廣州都有密切的淵源。

另一件事也頗值得一提。讀者皆悉一九八〇年代後期臺灣有一股「韋伯熱」，文化界、學術界的人都熱中閱讀、討論馬克思．韋伯的各種著作。當中頗受矚目的是韋伯所提出的新教倫理影響資本主義精神的說法。我在耶魯也修習西歐經濟史，主要修了兩門 Harry A. Miskimin 老師開的課。Miskimin 老師是 Carlo Cipolla 的高足。他教我重商主義以及中古後期經濟史，都屬宗教改革之前的事，尚不涉及基督新教。

有一回，過中國年，又和幾位同學到余老師家當食客。過了十一點鐘，同學紛紛起身告辭，我也打算搭便車離去。余老師說：他們美國人可以走，你就留下來陪我聊天跨年吧，天亮再請 Monica 送你回去。結果是余老師生公說法，我則是頑石點頭。——我不是茅塞頓開，而是打盹不止。

其實，我也不是完全聽不懂，我只是不慣熬夜。特別是想要放鬆的場合，眼皮和脖子都不聽使喚。余老師那晚講了不少東西，其中一項就是講他怎麼讀馬克思．韋伯，還不時翻出他在哪一頁看到什麼，有什麼想法。有大成就的前輩學者是這樣念書，我倒一時被驚嚇到完全清醒過來。

我個人在大學時讀過張漢裕先生從德文本翻譯過來的《基督新教的倫理與資本主義的

精神》[6]，不過我也只是囫圇吞棗，也只知悉一些表象。但要能像余老師那樣熟稔，自分沒有可能。那夜過後，雄心大起，決定猛K一下英文本的《基督新教的倫理與資本主義的精神》一書（挑這一本來讀，因為它最薄，而且以前讀過中文版），找來了有名的 Talcott Parsons（一九〇二—一九七九）的英譯本抽空詳讀。我後來為本院週報動手寫〈貿易離散社群〉[7]一文時，靈光一閃想到了韋伯曾經提到喀爾文教徒（Calvinists）逃離故鄉後在寄居地所形成的社群。Talcott Parsons 在翻譯這個概念時，使用的字眼正好是「diaspora」這個字。[8]相隔約二十年還能對 Parsons 的譯本有點印象，實在是一時激動，東施效顰的意外結果。

---

the 35th Permanent International Altaistic Conference（Taipei: United Daily,1994）,P.41-52.

4 我喜歡用的版本是傅斯年圖書館藏、道光．咸豐年間刊本，《張南山全集》第二十五—二十八冊。

5 北京：北京古籍出版社，一九八八。

6 臺北：協志工業叢書出版公司，一九六〇。

7〈貿易離散社群：Trading Diaspora〉，《中央研究院週報》一〇七五（二〇〇六年六月二十二日），頁六—七。

8 Max Weber, *The Protestant Ethic and the Spirit of Capitalism*, trans. Talcott Parsons（London: George Allen and Unwin,1976）, P.43.

無論如何，韋伯所謂基督新教倫理影響新教教徒勤勞忍欲，從而在事業上大放光彩這件事，在一九八〇年代韋伯重返的年代，也影響到經濟發展成功的四個東亞經濟體——所謂「亞洲四小龍」的臺灣、韓國、香港以及新加坡——為何在第二次世界大戰之後經濟發展特別成功的問題。基督新教當然不是這四個經濟體的固有文化，可是這四個經濟體顯然（至少從表面來看）都受到儒家思想的廣泛浸潤。會是儒家思想在背後促成「亞洲四小龍」的成功嗎？於是，儒家思想與經濟發展之間有何關係的討論一時蔚為風潮，貫穿著整個一九八〇年代。

我人在耶魯，掙扎於功課壓力之下，竟然不知余老師其實就在那時候發表了〈中國近世宗教倫理與商人精神〉一篇大文，隨即以單行本方式由臺灣聯經出版公司出版。[9]我遲鈍到過幾年返臺後才認真拜讀。余老師的這部論著，發表的時機不比他人晚，但論述的方式與內容卻別有特殊高明之處。他沒有侷限在新儒家，而是將禪宗、新道教都帶進來討論，時間上更往上追溯，而不僅觀察明、清兩個時代。

我和余英時老師一起待在耶魯的時間只有三年。余老師在一九八七年轉任普林斯頓大學，我也於一九八七年赴英研究。其後與余老師見面，大多是與他的粉絲們在他演講的講壇下挨擠，此外就是陪友人到他喜歡下榻的福華飯店看他，以及少數的飯局。

因為駑鈍，也因為我的主要研究是形而下的經濟史，老實說能與余老師在知識上互動的地方很有限。但是個人從閱讀他的著作而獲益的地方卻是更僕難數。我和許多一九七〇年代在大學、研究所唸書的人一樣，都是被他的〈反智論與中國政治傳統〉這篇文章開啟了眼光。此後，即使生吞活剝，也要努力去啃讀能拿到手的余先生[10]的每一件作品。

多數讀者應該是在《歷史與思想》那本書中讀到〈反智論與中國政治傳統〉這篇文章。我們那一代的年輕人則躬逢其盛，都是在《聯合報》見報之日，去搶報紙一睹為快。〈反智論與中國政治傳統〉從一九七六年一月十九日起至二十五日止，連續七天刊出。余英時老師自己清楚講過分次刊出的這篇系列文章的發表過程，照余英時老師的說法，他最初寫〈反智論與中國政治傳統〉：

> 完全針對著大陸的「文革」而發。我想揭示的是：造成「文革」的政治勢力雖然

9〈中國近世宗教倫理與商人精神〉一文先發表於香港《知識分子》季刊，一九八六年冬季號；單行本《中國近世宗教倫理與商人精神》初版的時間為民國七十六年一月。有趣地是余先生在該書的〈自序〉中卻說「初稿刊於《知識分子》季刊一九八五年冬季號」，顯然在使用西元與中華民國紀元時，像一般人一樣，發生了困惑而誤寫。

10 在和余老師見過面以前，我和同學、朋友都稱他為「余先生」。

在意識型態和組織方式上取法於現代西方的極權系統，但是在實際政治操作上則繼承了許多傳統君權的負面作風，而集中表現在對於知識人的敵視和迫害，以及對理性與知識的輕鄙上面。11

更早，他也在《中國時報》提過寫作該文的動機與背景：

一九七三至一九七五年，我回到香港工作，這兩年恰巧是「四人幫」橫行中國大陸的時候。「四人幫」是反智論的極端分子，公然宣稱「知識越多越反動」。12

「四人幫」指江青、張春橋、姚文元和王洪文等四個人構成的集團，在所謂「文化大革命」（一九六六—一九七六）後期掌權，採取極端統治，殘民以逞。余先生在香港擔任新亞書院的院長，多所聽聞，蒿目傷心，於是發為此文，同時也是為香港《明報月刊》一九七六年元月號「十周年紀念特刊」而寫。因為各種非他能掌握的因素，意外地先在臺灣刊出，也在臺灣引起一時的騷動與長遠的影響。後來，他在同一家報紙又發表了〈「君尊臣卑」下的君權與相權〉一文，很快地都收入同年出版的《歷史與思想》書中，讀者人眾之廣，難以估計。13

余先生指出古今中外都不乏反智論的例子，而工商界、宗教界都存在有反智的人。他湊巧說道：

> 當代美國最有名的宗教領袖葛蘭姆（Billy Graham）便對知識分子極端敵視，認為他們有頭腦而無靈魂，最多只能算半個知識分子。[14]

葛蘭姆在臺灣被稱為葛理翰，這個人就在一九七五年十月底、十一月初到臺灣舉行大型布道大會，萬頭攢動。我與幾位同學也因為好奇心的驅使，參加了十月二十九日在臺北綜合體育場舉行的第一場，全場據稱有五萬人參與。

---

11 余英時，〈《歷史與思想》三十八年〉，《聯副電子報》第四六二〇期（二〇一四年四月十九日）。https://paper.udn.com/udnpaper/PIC0004/257005/web/

12 余英時，〈從「反智論」談起〉，《中國時報》一九七九年三月十四日。

13 〈「君尊臣卑」下的君權與相權〉的副標題正是「〈反智論與中國政治傳統〉餘論」，刊出於《聯合報》一九七六年四月，頁十二—十六。《歷史與思想》由聯經出版公司出版，初版時間為一九七六年九月。

14 余英時，〈從「反智論」談起〉，《中國時報》一九七九年三月十四日。

不過，余英時老師的重點在中國。他認為在中國，傳統政治與道德難免凝合而成某種反智風氣。他研究戴震，戴震看到社會上一般人「以意見為理」，用理來苛責他人，以至於「以理殺人」。余老師認為戴震的觀察與思考非常理智，值得參考。他也認為研究一個人的學術與思想，並不是要去同意他，而是要去客觀地、理性地了解他。這些主張，對四十五年前的我來說，極端受用。

《聯合報》刊出〈反智論與中國政治傳統〉系列文章，固然是為了針對「文革」的亂象而發，但是會在臺灣引發熱烈的討論，也確實有其時代背景。稍早，分裂為南北兩部的越南已經進行了多年的內戰。一九七五年開年以後，南方的越南政府軍節節敗退。到了四月三十日，南越就向共產黨支配的北越無條件投降。同一年，臺灣政局也發生重大變化。先是蔣介石於四月五日去世，不久之後，六月九日菲律賓與我國斷絕外交關係，七月二日泰國也與我國斷交。蔣介石的逝世與國際局勢的變化，至少讓當時的知識分子或熱血青年去思考集權統治的問題。一篇為批判「文革」弊端而發的文章，卻也掀起戒嚴體制下的漣漪。

余英時老師於一九三〇年出生於天津，祖籍是安徽潛山，青少年時也在潛山鄉居過九個年頭。當中國大陸山河變色之際，他的父母先轉來臺灣，但與當時來臺的若干人士一樣，對臺灣的前途沒有信心，很快地就轉往香港定居。[15]余老師本來並沒有打算離開他所就讀的燕京大學，卻因為到香港探視父母，終究也未能北返，更成為錢穆先生的入室弟子，與錢先生創辦的新亞書院、新亞研究所結下不解之緣。[16]

如同余老師在回憶錄中所言，早在一九四八年以前（不滿二十歲），他已經吸收了許多「五四」新文化的價值，包括科學與民主。最初他「在顯意識的層面是接受了中共政治綱領的[17]，因此，並未感到在大陸曾受到壓迫。」因此之故，當初是沒有離開北平的打算。然而到香港探親的際遇讓他潛意識中熱愛自由、理性的天性勃發。旅居香港的幾年間，他寫了《民主革命論》，呼籲要建立健全的革命精神——「在這樣一種革命精神的感召與控制之下，革命才能熱情而不盲目，積極而不殘酷，建設而不妥協。」[18]他在一九五三年年底寫好了〈代序〉，次年出版。[19]一九五五年前往美國哈佛燕京學社訪問，於是就

15 這樣的心態，可參考 Iris Chang, *The Chinese in America: A Narrative History* (New York: Viking, 2003), ch. 16, "The Taiwanese Americans."

16 詳情請看余英時，《余英時回憶錄》（臺北：允晨文化，二〇一八）。

17 所謂「新民主主義」的聯合政府。

18 余英時，《民主革命論》（臺北：九思，一九七九），頁七。

19 余英時，《民主革命論：社會重建新觀》（香港：自由出版社，一九五四）。

進入哈佛大學就讀。

一九五〇—一九五五之間四年多旅居香港的經歷，讓余老師與香港有了一定程度的連結。因此，一九七三—一九七五這兩年他慨然應邀回母校擔任新亞書院的院長。

余老師說更早一點的一九七一年他還訪問了日本，來過臺灣，也回去過香港。這幾年的感受，導引他選擇經常以中文來寫作的決心。用他自己的話來說吧，他說：

希望我的研究成果可以傳布到西方漢學的小圈子以外（當時西方漢學遠不及今天這樣流行）。恰巧一九七三—七五兩年，我回到香港工作，重新運用中文變成了理所當然之事。這是我的幸運。從那時起，我便決定先用中文寫出比較詳盡的研究報告，然後再以英文另撰簡要的論文。因為我的教研崗位畢竟是在美國，發表英文論著仍是我義不容辭的專業任務之一。[20]

學術研究當然要注重精專、注重科學，自然與人文皆然。不過，自然科學的研究成果往往要透過迂迴的加值利用，才影響到常民的生活。可是，人文研究的心得是有可能直指人心。余老師在哈佛、耶魯、普林斯頓等一流大學教學研究，與同行分享研究結果是責任，也是當然的貢獻。然而他的研究創獲，針對的正是中國、華人的歷史與文化，透過中文寫作，直接而不必經過轉述地讓使用中文的人分享他的睿智，說明了他的體貼。試想，披覽千餘頁《朱熹的歷史世界》[21]津津有味的人，能不感謝余老師的這份好意嗎？出版時，他已經過了古稀之年，仍然經營不懈，就是為讓他的創獲方便與真懂中文的讀者見面！

余老師在《歷史與思想》一書中引用他人的名言說：「我是歷史家，我愛人生」。[22]其實他也愛同胞，也愛世人。如今他今世的塵緣已了，但他的言談謦欬彷彿仍在；而他的思慮見識也將隨著他的文字長久流傳。

（原載《古今論衡》第三十七期，二〇二一年十二月）

20 余英時，〈《歷史與思想》三十八年〉。

21 余英時，《朱熹的歷史世界：宋代士大夫政治文化的研究》（臺北：允晨文化，二〇〇三）。

22 余英時，〈史學、史家與時代〉，《歷史與思想》（臺北：聯經出版公司，一九七六），頁二六〇。

我生命歷程中的余英時老師

陳弱水

曾任中央研究院歷史語言所副所長、臺灣大學文學院院長，現為國立臺灣大學歷史系講座教授、中央研究院歷史語言研究所合聘研究員。

余英時老師是八月一日去世的，到現在兩個多月。這兩個月來，我常常想起他以及他所做的事，常感受到他為人的誠摯，在學術和思想上的活力，在價值問題上的決斷，竟然不覺得他已經離開我們了。也許是這個緣故，我一直沒有撰寫紀念文字的心理，這是第一篇正式的文章。在這裡，我想回顧一下余老師和我的個人關係，表達我對他的追思，也希望能透過這很小的角度，增加大家對余老師的了解。

余英時老師是我的博士班指導教授。我從一九八一年到一九八七年在美國耶魯大學歷史系從學於余老師，他於一九八七年夏天轉任普林斯頓大學教職的時候，我還沒畢業，他繼續擔任我的指導教授，到我於該年底完成學位論文。我在耶魯和余老師一共相處六年。和余老師先前任教的哈佛大學與後來任教的普林斯頓相比，耶魯大學的學術界訪客比較少，至少在中國研究的領域是如此。在這一個相對安靜的環境，我和余老師有相當多的接觸，除了研究上的指導，也有不少思想交流的機會，我可以說是受益無窮。

我在到耶魯求學之前，就對余老師有相當的認識了。我就讀臺灣大學歷史系的時候，從大一起就對思想史發生興趣，開始閱讀余老師的學術論著，在到耶魯大學之前，幾乎他全部的中文學術著作我都看過，有些還反覆研讀，這些著作是我知識成長的最大動力之一。我是一九七四年進入臺大的，這一年，余老師在香港中文大學新亞書院擔任校長。我因為特殊的個人機緣，從小有閱讀香港報章、雜誌的習慣（但當時臺灣書報進口管制甚嚴，能看到的很有限），因此上大學後偶爾就在臺大研究圖書館翻覽新亞書院的院刊《新亞生活》，由此也得知老師在教育和行政方面的一些動態。我到耶魯求學，也是余老師促成的。我大學畢業後，去服兩年兵役，在此期間，可能由於臺大老師和學長的引介，他請人傳訊息，表示歡迎我在適當的時機申請耶魯歷史系博士班。由於上述種種因緣，我在到耶魯前，雖然只遠遠見過余老師一面，沒有談過話，感覺並不陌生，到耶魯後，迎接我的則是很大的溫暖。

我在耶魯的前兩年，忙於適應環境，鍛鍊語文，跟老師在課外的接觸不算特別多，但是有機會到他家。我有時和許多老師和同學去參加party，這經常在年節時分，有時是和當時在哈佛的黃進興學長以及耶魯的康樂學長一起去，在這種情況，通常歡談到深夜。兩位學長在一九八三年回臺灣後，有時我和太太周婉窈會單獨去老師家，有時和別的同學一起去。師母陳淑平女士待我和其他同學非常親切，我也有機會認得余家的兩位女兒。關於余老師，還有一件常讓我心中升起暖意的事。我是博士班二年級下學期才決定攻讀隋唐史的，決定做了以後，老師主動訂購了一套北京中華書局版《舊唐書》送我。我自己只有臺灣鼎文書局縮印的大本兩《唐書》，使用很不方便。通過博士班資格考後，我就鎮日拿著老師的贈書閱讀，為我的唐史研究打基礎。我在耶魯求學的歲月，學術上的鍛鍊外，也蒙受了長輩的照顧和支持，給了我很大的力量。這兩個多月來，我也常想起師母。

現在回想起來，我跟余老師接觸最密的時段是在耶魯的第三、四年。大概從第三年下學期開始，一方面由於準備博士候選人資格考，一方面因為自己求知的需求，我幾乎每星期都跟老師見面一、兩個小時，談話的內容絕大部分在學術方面，但有時也涉及公共議題和個人的情況，這樣的日子可能持續將近兩年。我跟他多是在正規的會客時間（office hours）之外見面，這樣才能久談。我自己教書以後，才了解這種情況是很特殊的，我很感謝他的慷慨，也覺得自己很幸運，在一九八〇年代前半，耶魯中國研究領域的研究生不多，才讓我有可能佔用老師那麼多的時間。

在耶魯和老師相處期間，我還有個比較特殊的經驗：長期擔任老師的課程助教（TA）。博士生協助指導教授的教學本來是常見的，但余老師的情況算是例外，他的指導學生中好像只有我當過他的助教。一九八〇年代的耶魯很重視教學，幾乎所有大學部的講演課都配有助教，因此我有很多機會做這件事，做熟了，不但考卷由我改，連考試題目都是我出，監考、送成績也由我包辦，老師只要來講課就好。這也許是我在耶魯期間對他的一個具體幫助。透過一再聆聽老師的講演課，我得知他對中國歷史有著通貫的了解，這對我有很深的影響。往後我做研究，無論課題多專門，很自然就會考慮起這些問題或現象的廣幅歷史涵義。

我獲得博士學位開始工作後，離開美國東岸，和余老師的接觸就少了，但無論我在加拿大任教，或之後來中央研究院歷史語言研究所任職，他一直幫助我，我碰到困難或有重要的事待決定，經常告訴他，尋求他的意見。這樣的情況持續到二〇〇〇年左右。從那時起，我盡量自行解決自己的難題。余老師是位熱心，關心他人、樂於助人的人，我受惠於他已經很多了，我覺得應該盡量自己創造能量，做對學術、教育、社會有益的事。

投入專職的教研工作後，我和余老師有兩次重要的學術因緣。一次和我一九九八年的論文〈思想史中的杜甫〉有關。我的論文投稿給期刊後，接到兩份匿名審查意見，一份一看就知道是來自余老師。這份意見寫得很直白，內容非常深刻，指出了文稿中的具體錯誤和不足之處，並對一個關鍵論點提出改進意見。我在論文中主張，杜甫雖然有醇儒的形象，他的「風俗淳厚」的政治社會理想其實含有濃厚的道家意味，我舉了不少詩文為證。但審查意見指出，我忽略了一條最堅強的證據：〈夔府書懷四十韻〉中的「賞月延秋桂，傾陽逐露葵。大庭終反樸，京觀且殭屍。」我原來就注意到了這幾個句子，也覺得是很強的證據。但這些詩句的意思有些複雜，我擔心解釋費力，如果講得不好，反而於論點有傷，因此只舉其他文意顯豁的例子。

我看到余老師舉出〈夔府書懷四十韻〉，非常吃驚。〈夔府書懷四十韻〉雖然是名作，但長達八十句，意念紛繁，「大庭終反樸，京觀且殭屍」隱藏其中，讀者很難注意到它的政治思想涵義，應該也沒有任何學者提過。余老師看到我論文中的特殊論點，居然能從數量龐大的杜詩中舉出關鍵證據，令我嘆服，我當然依此修訂文章。這份審查意見反映了余老師寬廣而精深的學術風格。老師沒有發表過有關唐代的專門研究，但他對唐史很多的重要問題都有深入的認識，對唐代詩文尤其有造詣。我的論文利用詩作進行思想史的探討，在學術界很罕見，就我個人而言，更是實驗性的作法，不是很有自信。余老師的批評和指教不但提升了論文水準和論點的有效度，事實上也肯定了論文的基本方向，令我安心。我研究唐代思想史，以士人為對象，唐代士人中文人地位最高，最具影響，我的研究必須進入文學作品的內部，但我無此準備，只能逐步摸索，在這個過程中，老師的審查意見是重要的回饋。我從來沒有和余老師談起這件事，但心裡非常珍惜這最後一次的研究指導。

另一次學術因緣涉及他的最後一部學術巨作《論天人之際：中國古代思想起源試探》（二〇一四）。這本書的主題是古代中國思想的誕生——如何從政教不分的前思想過渡到具有獨立性的諸子思想，對這個重大的問題，余老師曾經在〈古代知識階層的興起與發展〉（一九七八）一文有初步的討論。後來他就此寫了兩篇英文稿，一直沒發表，但我都拿到了稿子。我看了寫於一九九九年的第二篇長稿之後，印象深刻，很希望該文能早日問世。二〇〇五年前後，我主編史語所的《中國史新論．思想史分冊》，邀他把英文稿的成果寫成中文，他立即允諾。結果，經歷很長、很複雜的過程，成就了《論天人之際》這本書。這本書論證精妙，思入微茫，無疑是經典之作。但在撰述過程中，出於各種原因，包括健康上的因素，余老師非常辛苦，這是我深感歉意的。

在過去十年，余老師和我還有兩次在公共事務上的交集。第一次是二〇一四年三月。在當月二十三日，太陽花運動期間，我和十幾位學術界同仁在徐州路臺灣大學社會科學院召開有關「兩岸服務貿易協議」的記者會，提出共同聲明，也稍微表達各人的意見。記者會在下午舉行，當天早上，媒體刊出余老師〈臺灣的公民抗議和民主前途〉一文，支持學生的行動，希望慎重處理服貿協議。在當時的氣氛中，余老師的文章引起很大的震動。我中午到記者會會場後，主持人希望我能對余老師的看法有所闡釋，我於是臨時改變談話內容。我從價值觀的角度，來說明為什麼遠在美國，從未長居臺灣的余老師會這麼關切服貿問題。余老師的文章說得很清楚，他擔心臺灣的自由民主會受到傷害。我認為，這個堅定立場的背後有著以人為本的基本價值，余老師心目中的「人」，不是抽象的人群，而是具體的生活中的人，這些人的意願和經驗不能被外於他們生活的觀念或效益所取消，而自由民主是最能保護人的。余老師在文章中說，他曾經和他所信任的臺北友人們通電話，詢問反服貿行動的情況。我偶爾會和余老師通電話，大多談生活起居的事，不常涉及學術或公共議題，印象裡，在老師文章發表之前，我不曾和他討論過服貿協議，事後可能談過，但沒告訴他我對他的思想的體會。我對老師文化觀和政治觀的認識，不全出於他的文章和訪談錄，也有從私人談話得來的成分，有機會也許可以做些系統的探討。

另一次在公共事務上的交集，是在二〇一九年五月三日中華文化總會舉辦的「五四運動一百周年：中國大陸民主發展的反思」圓桌論壇。主辦單位事先訪問余老師，在論壇播放錄影，我則以「自由民主的自強與防衛——從五四自由主義傳統談起」為題，發表現場談話。這是我和余老師最後一次「同臺」，可能也是唯一一次和他在同個場合就公共議題表達看法。雖然我們沒有實際在一起，這還是非常珍貴的回憶。

近年來，《余英時回憶錄》在二〇一八年底出版也激起了我對余老師的回憶和種種相關心緒。我在耶魯和余老師談話，除了學術，老師有時也會提自己以前的事，這主要是因為我原來已經廣讀他的作品，對他略有了解，他談這些並不突兀。他跟我談的事情，很多後來出現在他的回憶文字如〈我走過的路〉以及回憶錄，讀來倍感親切。舉例而言，他生命極重要的一次經驗是，一九五〇年元旦，他從深圳過羅湖橋到香港探親，過橋那一剎那，「突然覺得頭上一鬆，整個人好像處於一種逍遙自在的狀態之中」（《回憶錄》頁九三）。余老師當時並沒有以香港象徵「自由」的意識，他後來一再反思：為什麼有這樣的反應？關於這件事及其前後牽聯，我在耶魯時就聽過。當然，有了回憶錄，對老師的認識就遠比以前完整了。從回憶錄可以看出，余老師從大學時期開始，就同時是公共知識分子和以學術為志業的學子，在他於一九五六年發表第一篇學術論文（〈東漢政權之建立與士族大姓之關係〉）之前，已經就公共議題寫了差不多六十篇文章，當時二十六歲。余老師的這個特點，一直維持到晚年，可以說是他生命的本質。這裡附帶說幾句話。余老師早年的思想和評論文章幾乎全發表在香港的雜誌，由於當時臺灣對報刊進口管制很嚴，現在臺灣的圖書館很難找到這些刊物。臺灣的圖書館缺乏一九五〇至八〇年代的香港刊物，是我們圖書收藏的一大缺漏，嚴重影響我們對戰後香港以及離散中國知識人的認識和研究，應當設法彌補。

關於余老師的性格和待人處世種種，各方的文章很多，他離世之後，回憶文字中尤其多這方面的描寫。在我的心目中，老師是一位質樸的人。余師母常說，老師是鄉下人。老師在都市出生，但從七歲（一九三七）開始到十五歲（一九四五）的成長期，一直住在安徽潛山官莊祖居，是十足的鄉下。他講義氣，重然諾，對答應的事念茲在茲，全力以赴，就是鄉下文化好的展現。老師也是超脫的人，名利心淡薄。就世俗的眼光來看，老師事業成功，名滿天下，說他淡泊名利，好像有點虛假。但這確實是我的感受，是我認識他幾十年，最常聞見的意態。在某種意義上，他是有宗教感的人，不要在表面上過日子。作為余老師的學生，還有一點要提，他讓學生自主發展，只有幫助，沒有要求，這是我要感謝也覺得幸福的。

我第一次知道余老師，是在一九七四年七月十六日。當天他當選中央研究院第十屆院士，我在電視上看到新聞。我從來沒有聽過他的名字，沒想到他後來成為我生命中最重要的人之一。我從大一開始閱讀他的著作，我的學者養成教育主要是在耶魯受的，在我的工作和思考上，他的價值和學術成果一直是重要的支撐，從來沒有止息。余老師資質出眾，但努力不懈，不斷用他的才能幫助世界，增進人們的歷史與文化認識。在他人生的最後一年，由於時局的緣故，他的心情顯然是不好的，但他相信，人世終究要按照一些道理來運行。余老師留下龐大的學術和思想遺產，如果善加運用，這些資產會有助於我們開創更合理的未來。我個人覺得，紀念余老師最好的方式，是各人依照自己反省過的理念，持續盡責工作、生活。以我對他的了解，這會是他首肯的方式。

附識：過去十餘年，我曾經寫過幾篇關於余英時老師的回憶，最主要的是：〈回憶耶魯歲月的余英時老師〉（二〇〇九）、〈有關余英時老師的回憶〉（二〇一九）。本文希望比較完整地回顧我生命歷程中的余老師，以為對他的紀念，因而有取材於上述兩篇文章之處，但已盡量避免重複。

（原載《古今論衡》第三十七期，二〇二一年十二月）

何敢自矜醫國手，藥方只販古時丹
——在 Jones Hall 讀歷史

容世誠

現為新加坡國立大學中文系教授。

一九九二年在普大取得博士學位之後，獲余英時老師賜贈墨寶條幅，錄自龔自珍的一首〈己亥雜詩〉：「霜毫擲罷倚天寒，任作淋漓淡墨看；何敢自矜醫國手，藥方只販古時丹。」古人云詩無達詁，我沒有再請老師明示贈言所指；不過，也能心領神會。老師一向因材施教，臨別時賜贈這首七言絕句，是再一次訓勉我為學原則要領：應該多讀文獻史料，少談一點理論方法。平日老師也曾教誨：「要趁年輕時體力夠，眼力好，盡量閱覽原典材料，多多益善。年紀大了會感到力不從心。」年前到我步入杖鄉之年，更能體會老師當時的心意。其實初到普林斯頓的時候，幾位老師對我的「批評共識」，就是我過分喜好抽象理論到了執迷。記得第一學年即將結束，高友工老師於下課後黃昏時分，為我指點「如筏喻者，得魚忘筌」的治學態度。老師諄諄善誘，策勵我多從思想史文化史角度，思考中國戲曲課題。王秋桂老師倒沒有這般客氣了，對我的一篇《三寶太監西洋記》報告嚴厲批評，紅墨評語寫得密密麻麻的。在牟復禮（Frederick Mote）老師的「元代史」課，我又故態復萌，翻譯《元典章》之際大談伽達瑪的「詮釋學」（其實皮毛都沾不上！）。牟老師雖然未有責備，但心中一定既生氣又好笑。現在回想起來，修讀這門課別具意義。它引導我重新進入文獻世界，啟發我從多元角度理解元代戲曲。更且是牟老師退休前教授的最後一科，而我有幸程門立雪。

一九八七年牟復禮教授榮休，普大禮聘余老師從耶魯大學轉到普大東亞系任教。我決定放棄「比較文學」，改以「元明史」作為第二副修。（主修是「中國詩學及中國戲曲」）因為要準備「綜合考試」（Comprehensive Examination），一個學期裡面，連續選讀了余老師的三門歷史課。其中「研討課」和「閱讀課」的上課地點，就在老師的研究室。

普大東亞系位於Jones Hall，老師們的研究室、葛思德圖書館和壯思堂，都在這棟古雅的建築物裡面。若我記憶無誤，當年余老師的研究室屬於Palmer Hall範圍。它連接Jones Hall的走廊盡頭，如果從Palmer Hall正門步向東亞系，或者上樓梯到葛思德圖書館，必定經過余老師的研究室。這間房間有不少故事傳聞。我入讀東亞系的時候，它是Marion Levy教授的辦公室。Levy教授固然是美國社會學「現代化理論」大師，但在普林斯頓鎮內最為人樂道的，卻是他每天牽著愛犬在校園落日散步的情景。每次經過這房間，我都會探頭窺看這隻長毛大狗，今天有沒有回來上課。Palmer Hall的前身是名聞國際的Palmer Physics Laboratory，愛因斯坦當年就在這裡授課。更有一說，余老師的研討室就是以往愛因斯坦的實驗室，所以Palmer Hall的地底，搞不好還埋藏了一些輻射殘餘。一九八七年秋季，我和康豹、王汎森、孫志新、蕭蕙芳、Cary Liu、David Wright等，每週在這裡上課。當時《中國近世宗教倫理與商業精神》剛剛出版面世，老師即以此新著作為講授起點：先由老師帶領細讀全書，接下由同學輪流報告。早前在《知識分子》期刊，已經閱讀過《商業精神》的初稿；現在再次深入研讀，得以進一步認識老師貫通思想史、社會史和宗教史的歷史書寫。其中印象尤深的，是書中引述劍橋史家Lord Action名言：「研究的對象是問題而不是斷代。」這種以「問題」為中心的研究觀念和思維方式，對我影響至今。

選修這門課的同學來自不同專業領域，包括思想史、宗教史、藝術史、建築史、臺灣史等等，唯獨只有我一人主修中國文學。到了課堂報告階段，每一位同學都特別緊張認真，拿出各式各樣的原始材料，提出各種有趣的議題。事隔三十年，仍然記得康豹報告「瘟王爺」信仰，大談臺灣「送王船」儀式。Cary是一名建築師，回到普大藝術系研究中國建築史。無論談「元大都」的城市布局，抑或討論「明代書院」建築結構，均引用大量文獻，更少不了大堆數字和複雜演算。我的報告延續劉廣京教授《後序》關於清代會館演劇的論述，探討徽州商人活動和弋陽腔傳播模式。這種跨學科的學習氛圍，重視提問辯難的研討方式，拓展了我的學術視野。循著這個方向，我不斷思索如何將中國戲曲，放回明清社會文化史脈絡來審視。我以前的理論關注，是如何將中國戲曲和中國抒情傳統連接起來。修讀這門課是我戲曲研究「文化轉向」的轉捩點，奠定我日後從「物質文化」、「劇場場合」和「印刷媒體」分析中國戲曲的取向。後來更將這種研究框架，伸延到香港文學和電影上面。

我在香港長大，七〇年代在香港大學中文系畢業。余老師對我來說有另一重身分。他是香港中文大學副校長兼新亞書院院長，在香港學界地位崇高。不過在普大六年，和余老師談論香港的機會不多。二〇〇九年春季，趁著到紐約參加學術會議，返回普林斯頓探望余老師。剛好田浩等幾位學長，開始「秘密」為老師籌備出版「八秩慶壽論文集」。我準備提交的論文，是討論香港史家簡又文，以及他在五〇年代編撰的粵劇《萬世流芳張玉喬》。當時有一個頑皮的想法：借此機會向余老師請教五〇年代香港史學的看法，引用在上述慶壽論文。那天是由Cary開車載我到老師的家。一別多年，喜見老師精神飽滿，風采依然。余老師詳細詢問我在星洲的起居生活和教學情況，話題從簡又文轉到鄧之誠、友聯出版社、亞洲出版社、「第三種人」和香港五〇年代政治。從下午一直談到夕陽西下。品嚐師母紅棗甜湯的時候，老師贈我《會友集》和《知識人與中國文化的價值》兩本新作。傍晚時分，老師談興仍濃，意猶未盡，但Cary的汽車已經在外邊等候多時。這個時候，余老師送我步出大門，普林斯頓的落日景色，依然如此迷人！握別時老師再囑咐：「沒有新材料，沒有新看法，就不要隨便動筆寫文章。」、「五〇年代的香港很值得研究，不要輕易放棄！」我一直牢牢記住老師這番教導，每一次想起這一幕，都會感動和感恩！

（原載「聯經思想空間」：網址 https://www.linking.vision/?p=2208）

「商量舊學・涵養新知」
——余英時先生的讀書與著述生活

王汎森

中央研究院院士。曾任中央研究院副院長、歷史語言研究所所長，現為中央研究院歷史語言研究所特聘研究員。

經常有人問我余英時老師的讀書與著述生活，關於這個問題，余先生曾經寫過一篇〈怎樣讀中國書〉，強調「讀書無定法」。此外，他在許多訪談中也多多少少提到一些讀書方面的經驗。在我個人與余先生頻繁接觸的六年間，並沒有機會仔細觀察他讀書寫作，甚至很少看到他抽出筆來。但是我試著將零星的觀察體會拼湊出來作為大家的參考。我必須強調，我只是余先生許許多多學生中的一個，所以我的觀察難免有所偏至。

我認為余先生與清代中期以來所流行的、從《四庫全書總目提要》入手的風氣雖然不同，但有異曲同工之妙。他年青時代曾經把握機會，對古今書籍的目錄及大致內容有非常廣泛的掌握。有時講到某些書時，他往往還用手掌比出書的厚薄。加上他記憶力強，所以在下筆為文時，每每能引譬連類，很快想起一些可能相關的書籍（同時，余先生主張「唸歷史對現實要非常注意，每一個細節都注意」）。

我發現他對一九四〇年代以來現實政治、書籍、新文化運動人物有關的各種著作，掌握得非常仔細。

余先生治學強調「用力得當」，他曾經在一個地方說過，王國維集中用力於學問只有二十年，而成就如此輝煌，便是因為「用力得當」。此外，余先生讀書時似乎總是對帶有「總機」性質的文本反覆參詳、羅於胸中。我印象比較深的是胡適、錢穆、楊聯陞的所有著作。以胡適為例，胡適全部的著作（包括遺稿）他都非常熟，而且他的大部分的著作中，每每多少會牽涉到一、兩條胡適的看法。以我觀察所及，像《胡適日記》便是他常年翻閱、熟極而流的書。余先生凡涉及近代政學的短文，往往都以《胡適日記》作為座標架之一，所以我稱之為「總機」——由總機通向相關時代的人物與事件。

我個人很少有機會直接觀察余先生讀書，不過在普林斯頓大學上課時，經常見他閱讀上課材料，其神情好像是時間在那片刻凝結，整個天底下只有他和那一本書或那一頁材料存在。這使我想起《朱子讀書法》中的一些名句。朱子說讀書時要「作焚舟計」、「作訣別計」，也就是說讀的那一刻要把它「吞」下去，好比上岸之後要把小舟焚棄，要永遠告別那個文本般。

余先生曾經告訴我，他到處讀，所寫出來的只是冰山一角，備而不用的東西甚多。他經常是先讀眾書形成問題，再回去引證材料，做竭澤而漁的工作。

余先生讀書廣，記憶力好，好似他所讀過的書在腦海中都有精確的位置，它們組成一個廣大的「歷史網絡」。此後不管讀什麼新的書，或是人們關注什麼問題，這個特定的點應該在什麼位置、前後左右的關係是什麼，都能關聯搜尋。

記得二〇一七年，我重訪普大半年時，正醉心於Milman Parry關於荷馬史詩的理論，便與余先生談論。Milman Parry 在現代南斯拉夫找到許多與荷馬史詩相似的「格套」，因此對荷馬史詩帶來一個革命性的解釋。我因為知道余老師曾用心研讀希臘思想，且曾跟隨

Ronald Syme 讀過羅馬史，所以我想了解他對這個問題的看法。雖然余先生表示對這個理論不了解，但我感覺他迅速在啟動「類比網絡」來判定這個新說究竟應該放在什麼脈絡下理解。這種情形基本上出現在他對各種問題的談論中，尤其是當話題落到一九三〇、一九四〇年代以來的歷史問題時，這種感覺就更為鮮活。

余老師每天、每時都在思考，並試著形成初步看法，然後再慢慢修改，最後形成一個較為確定的看法。幾個月前，他開始閱讀某套近代歷史人物的日記。讀了前幾冊後，他便提到，從日記看來，當時有三群人國、共、自由派，而國共兩個陣營都在爭取第三群人，即廣泛的自由主義知識分子。國民黨陣營花的力量尤大，但共產黨方面比較成功。

余太師母（尤亞賢）曾經告訴我，余老師在哈佛讀書時，最喜歡觀看「梅森探案」，余先生也嗜讀偵探小說，甚至看過福爾摩斯全集。不論是梅森還是福爾摩斯，都如剝洋蔥般一層層直探案情核心，這也是余先生撰寫研究論文的特色之一。用朱子的話說「未見得道理時，似數重物包裹在裡許」，而一個有訓練的學者，便是要將一層層包裹解開，將「道理」開顯出來。

另外，我注意到余先生有許多文章其實命意很久，有的甚至長達二、三十年。他經常提到「腹稿」一詞；余先生日常總是微微皺著眉頭，我認為這種時候，他是在思考或打腹稿。也就是在下筆之前，他往往思考或打腹稿相當一段時間了，宛如海蚌在琢磨珍珠般。

值得注意的是，余先生在動筆寫文字前，往往要將重要資料讀一遍，然後空諸依傍，振筆而書，之後再回來核對材料。我猜，在這個過程中，他是循著「腹稿」中的脈絡要言不煩地寫下，而核心的證據適質適量的來到筆下，不會被摘抄史料的工作困住。據我所知，余先生一旦動筆，「日夜趕工」便是常態。譬如在耶魯時，為了趕一九八二年七月間在夏威夷召開的「朱子學會議」的論文，他在當年六月三十日給楊聯陞先生的信上說：「日夜趕工，……幾不知人間尚有他事。」（06.30信）

余先生相當重視新出材料，我印象中他長年訂閱《文物》，所以相當注意各種新出土材料。在《漢代貿易與擴張：漢胡經濟關係的研究》、《東漢生死觀》等書中，新材料的點化作用便相當明顯。如果我的記憶沒錯，他對南越王墓中的一枚金印相當注意，認為有重要的歷史意義，但因為匆匆談過，所以未能道及其詳。

當然，余先生從年青時便非常重視西方的著作，並從中得到很大的精神滋養，所以想像力高遠，對話的對象也不拘限於中國。從他的回憶錄中可以看出，他在文藝復興與人文主義（Felix Gilbert）、柯靈烏與章學誠的比較（Morton White）。[1]甚至連《東漢生死觀》

---

1 余先生告訴我，他一九五五年在美即買柯靈烏的書，當時柯靈烏並非如此流行，最流行的仍是Hempel一路，主張「通則」的方法論。

之所以計畫選擇「生」、「死」等一對對觀念作為歷史研究的單位，也是受了Crane Brinton的formal thought與popular thought之分別的影響。所以選擇以《太平經》等文本勾勒東漢一般民眾的生死觀。一九六七年，余先生在AAS所演講的論文即為"Interpretation of Formal and Popular Thought in Han China"。至於〈反智論與中國政治傳統〉一文受到Richard Hofstadter的*Anti-intellectualism in American Life*的影響，更是余先生在文章中指出過的。乃至於他後來在寫中國近代知識分子的邊緣化，及講打天下的「光棍」毛澤東的長文中，說毛澤東是五重的邊緣人。[2]我推測這也與一九五〇年代盛行的Robert Park「邊緣人」理論有關。當然，余先生非常注意西方理論適用的範圍與分際，以韋伯的理論為例，他在《中國近世宗教倫理與商人精神》中便指出具體將韋伯理論運用在中國歷史時的種種限制。

前面提到，余先生的著作每每有極長的醞釀過程，最初可能是幾滴水滴，後來則蔚為大潮。余先生著述生活中一個極為重要的特色，便是「附庸蔚為大國」，而「附庸蔚為大國」其實是「積水成瀾」的一種表現型式。二〇〇九年十一月四日，余先生告訴我，他所寫的文稿，許多創意皆在二、三十歲時。

譬如《漢代貿易與擴張：漢胡經濟關係的研究》原先是一九五七年三月在楊聯陞課上的一篇報告，當時未即細寫。後來卻擴充成一本兩三百頁的書，這完全不在余先生的計畫中。只是在報告交出後，因為興趣而逐漸累積材料，愈積愈多，直至將它發展成書，此期間為了閱讀俄國考古材料，還曾經僱人將Rudenko的著作譯成英文（我做學生時還曾在課堂上聽余先生講到Rudenko的工作）。又如《紅樓夢的兩個世界》，據張灝先生告訴我，原是余先生學生時代在「打漁莊」讀書會中報告的題目，一直到一九七三年才開始著手寫成文章發表。這篇及其他有關紅學文字相當引人注目，余老師曾告訴我，大陸學界最初以為他是紅學家。

《論戴震與章學誠》也是附庸蔚為大國，原先是為Nivison的英文書所寫的書評，這個書評乃楊聯陞所薦，而余先生認為早年在錢穆處常常與聞有關議論，故有所準備。但余先生始終認為章氏思想非常深奧，民國以來，人們了解章氏每每借途於梁啟超和胡適。

2「毛澤東可以說是集各種『邊緣』之大成的一個人：他出身於農村，但早年也沾到城市的邊緣；他沒有受過完整的學校教育，但也沾到了知識界的邊緣；他最熟悉的東西是中國的舊文史、舊小說，但又沾到了西方新思潮的邊緣；他在政治上最獨到的是傳統的權謀，但又沾到了『共產國際』的邊緣……。歷史的狡詐把他送回了邊緣人的世界，特別是他最熟悉的中國農村的邊緣世界，他的生命本質終於能發揚得淋漓盡致。」余英時，〈打天下的光棍——毛澤東一生的三部曲〉，收入《歷史人物與文化危機》（臺北：三民書局，二〇〇四），頁五一。

梁、胡二人的貢獻確實大，但是對章氏思想深層的了解尚不夠深入，[3]所以他深入研探，最後竟寫成一本書。《朱熹的歷史世界》則是將他多年的零星意見彙集藉機表達出來。在一份文件中，我發現余先生在密西根大學任教時，還申請過一個題為"Origins and Development of Chinese Intellectual Class"（中國知識階層的歷史）的計畫，準備研究先秦「士」的起源及發展，[4]而這個計畫顯然是後來《中國知識階層史論：古代篇》中相關各文的濫觴。

又如〈漢代循吏與文化傳播〉一文，雖然發表於一九八六年，但事實上早在一九六一年便已開始著手。《楊聯陞日記》一九六一年四月十四日：「四時許余英時來，出示講稿〈循吏〉」，並提到漢代循吏重視「條教」的問題。即如《中國近世宗教倫理與商人精神》一書的發端，恐怕也與《漢代貿易與擴張：漢胡經濟關係的研究》有關，甚至可提及更早，一九五三年他在《自由陣線》上發表的〈重重壓迫下的中國商賈——中國傳統社會人物批判〉。

除了上述之外，《中國近代思想史上的胡適》、《重尋胡適歷程：胡適生平與思想再認識》、《未盡的才情：從《日記》看顧頡剛的內心世界》，乃至千頁的大書《朱熹的歷史世界》也都是由一篇「序」而發展出來的。我個人認為「附庸蔚為大國」，也是前面所提到的長久醞釀的一種表現方式：余先生每每在腦海中存放著若干問題，平常持續地關注、思考、積累，到了適當的時候，便以這些積累作為基礎跟進一步研究，形成系統的論述。

接著我要以余先生最後一部學術著作《論天人之際：中國古代思想起源試探》為例說明上述那種長期切磋琢磨的過程。

余先生在撰寫《論天人之際》時，曾一再告訴我這是他的最後一本書。他說，其實這個問題「從禮樂講起」，在一九七〇年代即已著手（應該是余先生為《中國上古史待定稿》寫〈中國古代知識階層的興起與發展〉時，便已觸及這個主題）。在零星的談話中，他提到過去講軸心突破，大多是描述性的，未能證實如何變遷的過程。他則想講「思想世界從原始宗教來，發展出一個思想精神傳統」的過程。想看「禮樂如何轉出諸子」，他說：「儒帶有巫的色彩，先秦諸子與巫鬥，密以『心』代替『巫』，『心』溝通兩個世界。」他說：「諸子學出於王官論，如果相干，也要重新整理。」他說清儒無法碰觸這個問題，章學誠略為及之，但仍未碰上。

余先生告訴我，在寫作的過程中「條條大路要打通，牽涉到東西太多，不完整，靠新

3 後來此書出版後，楊聯陞曾去信表示，戴、章二人皆未有立德、立言、立功，且無宇宙論。

4 一九六四年四月九日：「今年已向校方請求一筆研究經費，題為Origins and Development of Chinese Intellectual Class，準備於三、四年內寫成一書，討論自春秋戰國至兩漢間士階層之興起與發展。」

材料」、「構思很早，但不知如何下手」、「非常艱難的工作，有些部分寫了好多次」。在形成他的論述時，隨時留心出土文物。但他強調《郭店楚簡》一般將它講得太早，認為是在孔孟之間，但余先生認為是孟子以後的東西。余先生告訴我，為了研究這個問題，他把《柏拉圖全集》又讀了一遍。他強調：「亞洲許多宗教是知識分子起來對原有的宗教進行改造。」

我注意到余先生每每完成一篇論文之後，會影印若干份送請師友批評，然後在這些回饋的基礎上進行修改。尤其是他的老師楊聯陞，每每在讀完之後「從四面八方來攻」（余先生語）。在《楊聯陞日記》中便存在一些這類論學語。

當然，我也注意到余先生有一些未竟之業。在密西根大學時期，余先生除了撰寫《漢代貿易與擴張：漢胡經濟關係的研究》之外，另一個工作是將博士論文《東漢生死觀》整理出版，他先是整理出兩個長篇在《哈佛亞洲學報》分兩期刊出，同時也計畫將之發展成一本兩百頁左右的書。但這個計畫似乎遇到困難，最大的困難是余先生不想重複在舊題目上工作。在我看到的材料中，余先生構思這一本書撰寫導論「漢代思想與生活」，由於他認為《太平經》反映了漢代平民思想，所以計畫選譯其中若干篇章，加上導論附在書後。此外，他也計劃將桓譚的「形神」論譯成英文，同樣附在書後。[5]但是余先生後來似乎沒有完成這個出版計劃。

以上是我對於先生的讀書、著述所作的一些歸納整理，希望對世人了解余先生增添一點幫助。朱子的「舊學商量加邃密，新知涵養轉深沉」，是余先生經常提到的，也很適合用來描寫余先生的讀書、著述生活。

（原載《古今論衡》第三十七期，二〇二一年十二月）

5 余先生擬寫一導論〈漢代生活與思想〉，附錄加〈漢《太平經》論漢代平民思想〉一文，作為《太平經》選譯之引論。此外又擬附入桓譚的「形神」一文之譯論，全書印成希望在二百頁左右。《楊聯陞日記》，一九六四年四月九日條。

自由主義的傳統基礎
——余英時先生的若干治學理路

王汎森

中央研究院院士。曾任中央研究院副院長、歷史語言研究所所長，現為中央研究院歷史語言研究所特聘研究員。

先師余英時先生故逝之後，我一直想找幾條線索勾勒他的思路或學術精神，但是並不成功，除了因個人能力所限外，也因為余先生一生都在美國學術社會中，他的學術著作不可能像前賢那樣寄寓一貫的文化態度。

但是我們又可以感受到有若干思路貫串於余先生的著述之間，譬如他在探索中西歷史異同的過程中，逐步擺脫了馬克思社會主義發展規律的束縛，[1]認識到中國歷史發展的獨特性，並在這個前提下發展出種種多樣且豐富的歷史解釋，使得人們能從黨國時代的一元論式學術架構中解脫出來。又如他對「自由主義」的文化基礎有一種獨特的構思，這一構思截然有異於一九五〇年代其他自由主義陣營，而且影響了他後來的許多著作，值得稍作爬梳。

在進入這個問題前，首先要談余先生兩次自由主義理念的變化，而這兩次變化似都與胡適有關。一九二五年十月，胡適在英國給徐志摩寫的兩封信刊在《晨報副刊》上，即〈新自由主義〉，其中提到對自由主義與社會主義融合的期待。文中反覆強調政治事務「有計劃」的重要。

這篇文章後來在《胡適文存》第三卷中以〈歐遊道中寄書〉的篇名收入。[2]這篇文字因涉及為社會主義張目，在臺北遠東版中刪去，未加任何說明。但是以余先生對胡適作品之精熟，當然看過這篇文章。《余英時回憶錄》中有一段話說：「一九四六年我從鄉村回到城市，才第一次正式接觸到『五四』的新文化、新思想。但我從《胡適文存》中讀到有關民主、自由、人權等觀念的論述時，感到相當合情合理，一點牴觸的情緒也不曾有過。」[3]

二〇一九年在〈偶思往事立殘陽……當時只道是尋常〉這篇文章中，我曾經提到一九四六至一九五〇年之間，余先生的思路中出現一種多線索、複調的，幾個板塊共在一個結構互相競爭的狀態，既有胡適的也有馬列的，有階級鬥爭的、也有溫和主義的。多元、複調的內容存在於同一個時間的情形，不只是個人的，同時也是整個時代的。[4]我想舉余先生說過的一個例子。

1 參見余英時先生的回憶錄及〈中國史研究的自我反思〉，《漢學研究通訊》第三十四卷第一期（二〇一五年二月），頁一—七。

2 胡適，〈歐遊道中寄書〉，《胡適文存》，收於曹伯言編，《胡適全集》第三冊（合肥：安徽教育出版社，二〇〇三），頁五二—六十。

3 余英時，《余英時回憶錄》（臺北：允晨文化公司，二〇一八），頁一二二。

4 王汎森，〈偶思往事立殘陽……當時只道是尋常——向余英時老師問學的日子〉，收入林載爵主編，《如沐春風：余英時教授的為學與處世——余英時教授九秩壽慶文集》（臺北：聯經出版公司，二〇一九），頁十二—二十。

余先生說一九四七年，北大、清大有兩隊辯論，由劉大中主持，辯論結果是資本主義勝利，余先生當時覺得奇怪，不是應該是社會主義贏嗎？我推測余先生當時的疑問反映了當時知識青年的左傾思想，排山倒海的壓力，以及他當時思想中胡適因素之間的激烈競合。尤其不可忽視的是《胡適文存》〈新自由主義〉一文中對自由主義與社會主義的調和的影響。

正如前面所說的〈新自由主義〉一文充斥著對俄國革命的期待，如「我很高興，你們至少都承認蘇俄有作這種政治實驗的權利，但你們要『進一步』問：第一，蘇俄的烏托邦理想『在學理上有無充分的根據，在事實上有無實現的可能？』第二，他們的方法對不對？第三，這種辦法有無普遍性？第四，『難道就沒有比較平和，比較犧牲小些的路徑不成』我在蘇俄可算是沒有看見什麼，所以不討論這些問題」、「資本主義有什麼學理上的根據？國家主義有什麼學理上的根據？」、「其實這個世界上的大悲劇還只是感情與成見的權威。最大的一個成見就是：『私有財產廢止之後，人類努力進度的動機就沒有了？』其實何嘗如此？」

而且在這篇文章中，胡適充滿自責、責人的口氣，「究竟我回國九年來，幹了一些什麼？成績在何處？」又說在莫斯科住了三天，覺得那裡的人「發憤有為」。[5]

責備同仁們生活「太舒服了、太懶惰了、太不認真了」，又責備新文藝期刊是「淺薄無聊」。我推測胡適在本文中極力鼓吹的「自由的社會主義」，對十幾二十歲的余英時有一定的說服力。

在余先生九十祝壽論文中，我曾追索他一九四〇年代後期，在辯證唯物主義與自由主義之間掙扎的過程，並且試著闡述「自由」與「平等」，「民主革命」、中西文化等一九四〇年代後期深深糾纏在余先生心中的問題。一九五〇年代初期，余先生透過大量的閱讀與思考，希望得出一種既能兼顧左右兩極的合理成分，又能提出一種合乎自由、民主、人權、理性、溫和的解決現實議題的努力。我只能籠統地說，經過這五、六年的摸索後，余先生思路已經到了他所說的「逐漸定型，以後雖有改變，但已是『萬變不離其宗』了。」

我當然也注意到在這個摸索的過程中，胡適著作對他起了相當關鍵的作用。我注意到余先生有一個重要的思路，即在重大思想挑戰之時，有思想憑藉才能對應或抗拒。如果思想上沒有一套看法，或是內心沒有足夠的思想資源，則在面對共黨思想改造時便立即丟盔卸甲、無端趨附或轍亂旗靡。[6]他當時對胡適固然有所批評，但是胡適的思想主張形成了

5 胡適，〈新自由主義〉，《晨報副刊》第七版，一九二六年十二月八日。

6 譬如余先生為巫寧坤《一滴淚》所寫的序中講到吳宓「晚年只要有機會便閉戶讀中西古典文學或是讀早年師友以至自己的詩文集。這正說明，他必須不斷地回到他的精神世界的源頭，去汲取和增強與暴力對抗的

他抵禦馬列主義狂潮的重要「憑藉」。[7]

我認為在眾多的例證中，胡適的另一篇廣受矚目的文章〈自由主義是什麼？〉，對一九五〇年代初期余先生在香港的自由主義觀產生了重要影響。在這篇文章中，胡適強調在中國傳統文化中醞釀著自由、民主政治的基礎，認為「傳統」與「現代」生活各種方面不是互斥的，而且現代的自由、民主、寬容等傳統可以在「傳統」中找到根源。余先生在回憶錄中說，一九四八年讀到胡適《獨立時論》上的〈自由主義是什麼？〉一文，非常興奮。故此後「我一直相信中國既是一個古老的文明大國，其中必有合情、合理、合乎人性的文化因子，經過調整之後，可以與普世價值合流，帶動現代化」，[8]余先生因此篤信中國文化中存在很多足以接引民主中國的歷史基礎。

一九五〇年代初期，余先生便致力於從理論上充實、鞏固這個觀點，如《自由與平等之間》第六章〈自由與平等的文化基礎〉，他借助文化史方面的研讀，及阿諾德·約瑟·湯恩比（Arnold Joseph Toynbee, 1889-1975）、約翰·杜威（John Dewey, 1859-1952）等人的觀點，闡明「文化整體觀」——「文化是一整體，不可截然分成各不相關的若干片斷。」[9]湯恩比在對文化整體的觀察，認為文化是一有機體，「其中各部分乃是相互依存的」，所以「自由與平等也是建築在一般文化的基礎之上的」。[10]余先生又說：「無論是自由或平等都有其一定的文化基礎，離開了這種基礎，則自由與平等只能是空洞的口號。」

接著，他指出孔子、莊子、墨子等皆有這方面的因子，他強調「我們也絕不能忽視中國傳統文化條件中所孕育出來的精神上的自由與平等」。他認為：「中國文化中也能找到西方式的自由與平等的存在依據」，否則自由、平等乃是「無實際依據的空洞口號」。[11]余先生問：追求自由與平等完全成為西化的一部分嗎？追求自由、平等是中國文化的自我要求嗎？余先生晚年在回憶錄中說：「我的實際知識當時是膚淺的，對精神追求的大方向則由此建立。」[12]

但余先生對「現代」與「傳統」是一個連續的、縱深的思維，不只出現在他的自由主義思想，也呈現在他後來對許多主題的討論。他認為不可能突然在一場革命中改換掉一

動力。」巫寧坤，《一滴淚：從肅反到文革的回憶》（臺北：允晨文化公司，二〇〇七）。

7 關於這一點請參考李顯裕，《余英時的香港情懷：文化與政治層面的探析》（桃園：中央警察大學通識教育中心，二〇二〇），頁十三—二十、一二二—一三二。

8 余英時，《余英時回憶錄》，頁九四。

9 余英時，《自由與平等之間》（香港：自由出版社，一九五五），頁一三九。

10 余英時，《自由與平等之間》，頁一四一。

11 余英時，《自由與平等之間》，頁一四九。

12 余英時，《余英時回憶錄》，頁一二四。

切，現時有歷史文化的背景，故發展現代不必然以廓除歷史文化作為前提，同時他不滿關心中國前途的人沒有歷史文化的深度。用今天的話來說是「界域的融合」，像兩顆糖果融化在口中。

在一九五〇年代的政治地景中，這個態度是比較特殊的。《祖國周刊》第九卷第十期上刊有凌空的〈介紹反共文化運動中的兩個學派（上）〉中，作者分析當時臺港兩地反共陣營分成香港的以新儒家為主的「民論學派」，及在臺灣以殷海光等人為代表的「自由中國學派」。前者主張保守中國傳統文化，後者「首先他對中國哲學，一般地說來，並無多大的愛好」，師法羅素（Bertrand Russell, 1872-1970）「反對哲學」。其中像殷海光即全力宣揚自由民主之所以未能實現，是受阻於兩、三千年的中國文化傳統。而余先生則主張自由、民主與傳統文化相容，這使得他的主張與《自由中國》的殷海光這一派嚴重相左。[13]

余先生告訴過我，他在《自由中國》發表過一篇文章〈論平等〉，後來又投了一篇則被殷海光退了，因為殷海光不認為自由、民主與傳統文化能夠相容。[14] 後來雷震還曾寫信到美國向余先生致歉，余先生告訴我，後來殷海光申請哈佛燕京學社獎金時，費正清將案子交給他，他還花了不少時間做成一個報告支持此案。

這個思路也出現在余先生後來幾十年的許多專論中，如〈「五四運動」與「中國傳統」〉（一九七九），《史學與傳統》（一九八二）、〈傳統文化與現實政治〉（一九八三）、

《從價值系統看中國文化的現代含義：中國文化與現代生活》（一九八四）……。當然「傳統」與「現代」不一定是單純的延續，有時是別擇、接引，有時是對話，有時甚至是反對，但不管以何種方式出現，都體現廣義的「縱深性」。在〈曹雪芹的反傳統思想〉（一九八〇），這一類專論性質的文章即可以看出。在這篇文章中，余先生認為曹雪芹深受反理學思想影響，而在《紅樓夢》一書中常見對封建禮法採取批判態度，這在當時是很新的觀點，即曹雪芹並不只是一個受情權事的男主角，他有一個歷史的縱深，而且是時代環境的中的一環。

除了上述思路之外，我覺得余先生還有其他各種思路值得注意，譬如余先生強調歷史發展中，思想、學術、文化的因素，尤其是它們對政治、經濟發展的作用。從他逐漸由宗教史、社會經濟史轉向思想、學術、文化等各種研究的題目可以看出。以《中國近世宗教倫理與商人精神》一書為例，據余先生給楊聯陞先生的信指出，商人的問題自資本主義萌

13 余英時，《余英時回憶錄》，頁一二二。

14 二〇一四年九月間余先生告訴我，他最近將《自由中國》讀一遍，內容甚為豐富，當年在香港只能零星地買。他說自己曾在《自由中國》刊過一篇文章，第二篇即被殷海光退稿。退稿理由是因余先生稿中說講自由民主不能不要中國傳統歷史文化，殷海光不贊成。

芽論戰匯聚大量史料，日本學者做了豐富的工作，但並未能解決問題，主要是以上的工作皆忽略了「精神」的作用。同時他也驗證了韋伯（Max Weber, 1864-1920）的基督教倫理與資本主義精神的理論，在解釋中國歷史發展時所出現的侷限。

余先生曾經提倡思想發展的「內在理路」，它一方面反對「下層建構」決定「上層建構」的理論桎梏，同時也突出思想發展的獨立地位。這與前面提到的，他認為思想、文化、宗教影響現實政治、經濟的思路是一體的兩面，而這都體現了余先生對人文世界的一種深刻而一貫的思路。

最後要附帶一提，我覺得余先生在香港時期即對「文化工作尚未展開即已為政治力量牽引而去」不滿，[15]這奠定了他「為求知而求知」、「為學問而學問」，主張「政治」的工作要以「知識」為基礎的態度。[16]一九八八年余先生所寫的〈我所承受的「五四」遺產〉中，余先生說：「『五四』對我的影響大概以『求知』這一點最深」、「我很同情『改造中國』的理想，但我始終相信『改造』必須以可靠的『知識』為起點」、「為知識而知識的精神在胡適那裡得到進一步的加強」，[17]而這也是余先生終身未改的一種思路，值得我們注意。

如果把以上幾種思路，放在一九五〇年代以來中國思想界中衡量，便可以看出余先生思想道路的獨特之處，並在一個更廣大的思想史視野中了解他的地位。

（原載《漢學研究通訊》第四十卷第四期，二〇二一年十一月）

15 這是陳完如在余先生〈涵養新知，商量舊學〉一文所附的案語，陳完如在讀完他的〈釋「海外中華」〉後，認為「英時兄之立場堪稱為『經典』之作」，而「文化工作尚未展開即已為政治力量牽引而去一語，意義尤為深長。」

16 余先生這一態度亦與胡適及五四有關。

17 余英時，〈我所承受的「五四」遺產〉，收入《中國文化與現代變遷》（臺北：三民書局，一九九二），頁九一—九二。

「新亞之寶」余英時

王汎森

中央研究院院士。曾任中央研究院副院長、歷史語言研究所所長，現為中央研究院歷史語言研究所特聘研究員。

在我求學的過程中，余英時先生已經是一位如雷貫耳的大史家，他每有文章刊出，往往頓時轟傳，朋友之間奔相走告。但我第一次見到他，已經遲至一九八〇年代初期、在臺北聯合報舉行的一個紅樓夢討論會上。當時與會的除了余先生之外，記得還有宋淇、蒲安迪等人。宋淇在場中提到余先生時說：「他身上的每一錢（肉）都是腦。」我的記憶可能有錯，但是大意如此。後來，我居然有幸成為余先生指導的博士生，在普林斯頓共度了五、六年，這是人生中一段殊勝的因緣。

新亞時期的余英時

還記得一九八七年夏天，第一次在普大上課時，班上有一位港大畢業的同學。余老師得知他畢業於港大時，開玩笑說，當年他們這些窮酸的新亞學生看到港大學生，都覺得他們「燁然若神人」（這是我的形容詞），並且說錢穆先生手寫的畢業證書，在當時連教小學都不行。後來有一年，我到中大擔任「余英時先生歷史講座」講者，朋友帶我去參觀新亞校友題名碑，我赫然發現余先生是新亞第一位畢業生。

一九五〇年至一九五五年，在香港的余先生，處於一個思想轉型期，這個時期的大量文字已經勾勒出他的關懷及抉擇，他已經定了調、決定了立場。余先生曾說，他在共產黨統治下過了八個月，一九四九年底到香港，在羅湖車站等了一晚，在一九五〇年元旦出關時頭皮突然一鬆，後來即未曾再有這個感覺，足見生命感受與他的思想與政治抉擇是有關聯的。這裡有一段有趣的插曲，好像余先生在一個訪談錄中說過了。余先生當年在燕大讀書，其父余協中寫信希望他到香港，余先生拜訪其父過去的朋友、同事，他們叫他申請到廣東九龍，沒想到一路順利到達香港。當時北方的官員似乎不知道九龍即在香港。

新亞時期的余先生，在他人生的發展過程至為關鍵。他當時在《人生》、《自由陣線》、《中國學生周報》等刊物上發表了不少文章，五、六年間出版了六本書。一九五二年余先生還參與了《中國學生周報》的創建，並擔任總編輯一職。關於《中國學生周報》這一段經歷，我記得一九九九年訪問中文大學歷史系時，曾聽孫述宇先生談到過。孫先生似乎也曾參與《中國學生周報》，可惜我因筆懶未曾留下談話記錄，以致記憶中空茫一片。不過我曾看到徐速在一篇〈憶學生周報三主編〉中說：「英時筆名艾群，時肄業於新亞研究所，攻國史，天賦穎慧，為吾輩中之佼佼者。年未冠，於學術界即露頭角，賓四先生嘗以『新亞之寶』視之，然性孤傲、澹泊，不慣筆政之煩屑，未數月辭去。」[1]看了這一段文字，我才知道錢穆曾經視余先生為「新亞之寶」。

1 徐速：〈憶學生周報三主編〉，《中國學生周報》第四百七十期（一九六一年七月二十日）。

大轉型期

余先生經常在談話中表示一九五〇年代的香港非常重要，「有多少黨、多少學者，不在臺灣之下，各方不同的人集中在此」。而我個人也認為一九五〇年代在香港的近六年間，對余先生的一生發展非常重要，他在《回憶錄》中也多處強調這一點。在一九九八年三月《明報月刊》（第三十三卷第三期）的〈香港的自由與學術文化〉中也說，他在港將近六年，當時英國殖民統治者無意間留下的社會文化空間——自由，是當時中國本土找不到的，「但這六年對於我的一生卻有無比的重要性，無論在思想上、知識上或價值觀上，我都是在這個期間逐漸完型的，以後雖有改變，但已是『萬變不離其宗』了」。

在這五、六年間，他對自由與平等、民主與革命、中西文化等，從一九四〇年代後期便困擾著他及一代青年的許多問題，透過廣泛的閱讀與思考，得到了自己的解決。譬如「自由」與「平等」的問題，余先生曾經在二〇〇九年與我的一次談話中說，在北京時，他對自由與平等的問題已非常注意。他贊成孫中山立足點的平等，不認可中共以為到最後所有人都平等，卻把人變成了木偶，但是也不可能絕對講自由，所以他經常思索自由、平等之衝突如何解決等問題。此外像「革命」也是一個纏擾不去的問題。一九五三年，他便與青年朋友組織了一個「革命問題討論會」，宣稱：「我們否認政治革命是民主革命的唯一內涵。」此外，在香港這近六年間，余先生也確立了一種信念：政治必須立基於堅實的學問之上，沒有堅實的學問，政治是沒有根基的。

流亡之人

當時臺灣的國民政府與美國國務院有一種協定，香港、澳門的中國人赴美必須用中華民國護照。由於余先生被臺灣派在香港的地下工作人員呈報為香港的「第三勢力」之一員，且認為他所寫的宣揚自由民主的文章是在批評國民黨，故臺灣方面始終拒發護照，以致余先生赴哈佛訪問時一直得不到護照，只好到律師樓宣示自己是「一個無國籍之人」，然後經律師寫成正式文件以代護照，再由美國領事館在這一文件上簽證，余先生成了「流亡之人」。余先生曾經告訴我，他在哈佛讀書時，每次去移民局申請延長時，移民局中沒有人認得他所持的文件是什麼，但研究之後，總是又延一年。[2]

「流亡之人」的身分帶給余先生極大的困擾，在思想上也造成相當的激盪。一九五八

2 也許在這個過程中，也會牽涉到國府駐外單位。余先生說當時波士頓總領事是李品仙的兒子，而抗戰期間李品仙是他家鄉安徽省政府主席。

年，當他在哈佛讀到陳寅恪的《論再生緣》油印本時，他說自己突然有一種震撼，覺得自己沒有一個所謂「祖國」做後盾，就是一個漂泊在世界上的人了。[3]

余先生故逝之後，我開始整理過去三十多年隨手積下的零碎資料。有的是傳真信件，有的是我們講電話時隨手的紀錄，有的是託朋友在香港搜集的余先生早年發表的文章，有的是余先生在論著發表之前，隨手給我的影印本，或論文發表之後的抽印本……。在整理這些文件時，我對余先生的了解似乎不斷在加深。

回想起來，在我留學期間，我對余先生的了解是有限的，只知道他是一位大史學家，從來不知道一九五〇年代他在香港豐富、絢爛的經歷。每當我深入一點了解余先生二十幾歲的生命歷程時，我也彷彿得到他另一層次的教誨，這真的就如臺北聯經出版公司最近為「余英時紀念論壇」完整回顧的網頁所下的標題：「在悼別中相見」。[4]

（原載《余英時教授追思集》，二〇二一）

3 李懷宇：《余英時談話錄》，允晨出版公司，二〇二一年十一月。

4 請見「聯經思想空間」網頁：https://www.linking.vision/?p=4569

回憶先師余英時教授

賴大衛（David Curtis Wright）／著

曾為漢學研究中心獎助學人，現為加拿大卡加利大學歷史系副教授。

王千瑀／譯

現為臺北市立大學特殊教育學系碩士班語言治療組碩士生。

余英時教授並非我在普林斯頓大學當研究生時的導師，杜希德（Denis Twitchett）教授才是，但我修了很多、也旁聽了很多余教授的課，當時我盡其所能地修習或旁聽余教授的每一門課，無論是大學部或研究所。我最初和余教授見面是在一九八七年九月，剛剛抵達普林斯頓時，我覺得自己就像一個來自遙遠的猶他州的鄉巴佬，有點害怕和擔憂。他是我在普林斯頓第一位遇到並交談的教授，如同我第一位交流的博士班同學王汎森一樣，他們倆都改變了我的一生。

當我初見余教授時，我和他談到我對臺灣史的熱衷。在我還是個大學生時，寫過關於十八世紀後期臺灣林爽文之亂的論文，我的史料來自叛亂中被牽連者的審訊（可能是在酷刑之下）書面記錄（這些資料當時被保存在士林的故宮博物院）。在一九八四到一九八五的那學年，我在臺北的校際中文學習計畫（美國各大學中國語文聯合研習所，通稱「史丹福中心」）讀了這些手稿和其他清代史料，在那兒獲得解讀這些史料的能力可能有助於我進入普林斯頓。

我告訴余教授，我在研究生的階段想繼續研究臺灣史。令人訝異的是，他馬上告誡我不要這麼做。他說「這樣很危險」，並解釋說我不應該在博士班初期就鎖定如此精確而狹隘的目標，他建議我「在不熟悉的水域裡游泳」一段時間再選擇其他題目。我接受他的忠告並回到我次要感興趣的主題：前近代中國的外交關係，尤其是與中國北方游牧民族的關係，我先前還是大學生時當札奇斯欽的研究助理就對這個主題產生興趣。余教授的建議並沒有錯，如此一來擴展了我的領域和興趣，我認為這有助於找到我的第一份學術工作。（我懷疑如果我只專注在臺灣研究，那些尋找受過廣泛訓練的亞洲學者的大學便不會雇用我。）無論如何，我現在已經能在自己職業生涯的後期回歸臺灣史研究。

我曾經在余教授的研究生課堂上做過一次有關林爽文的報告，而他似乎並不介意。當我開始講述林爽文之亂過程中的細節時，他對叛亂了解之深令我感到驚訝（甚至是嚇到）！當我解釋到乾隆皇帝如何因為當地居民勇敢而堅決地抵抗林爽文軍隊之進攻，而將諸羅縣改為嘉義縣（「嘉其忠義」，這個地名沿用至今）時，余教授說他早就知道了，因為他之前已經在清朝地方志中讀過！這是我第一次直接感受到他廣博的知識以及驚人的記憶力。

我自己不是個抽煙斗的人，但我發現余教授抽煙斗的儀式很吸引人，甚至令人著迷。他的煙斗裝備包含一個摺疊式壓棒、一個煙草袋和火柴（我不記得他常使用打火機）。他在上課剛開始時會小心地裝填好煙斗，接著他會點燃五六次，但每次都會在中途停下來，因為他想評論講者提出的某個特定觀點。然後他會點燃另一根火柴，用它靠近煙袋，在說另一件有趣的事情時讓火柴燃燒殆盡。在真正點燃煙斗之前他有時會這麼做好幾次，之後他就會讓火柴保持在燃燒狀態，通常是如此。但如果他不得不走到黑板或他的書架之前，他會將煙斗留在座位上。等到他回到座位時，又要再次重複以上的冗長過程，徒留同樣一堆白費的火柴。

史坦貝克（John Steinbeck）曾經寫道，氣味的記憶力道很強。他是對的。每當我來到學校，打開通向 Palmer Hall 和 Jones Hall 之間走廊大門時，我總是能馬上知道余英時教授或宋史學家劉子健先生是否在他們的研究室裡，因為他們煙斗掩蓋不了的氣味往往在空氣中瀰漫著。我很確定如今的普林斯頓大學不再允許人們在室內抽煙斗，但我會永遠懷念煙斗和煙草的味道。直到今日，我仍然將此氣味與學習聯繫在一起。

余教授兩次在我的口試中替補杜希德教授：一次是在一九九〇年的資格考試，另一次是一九九三年的博士論文答辯（杜希德教授當時在處理他的妻子即將離世的不幸之事，她在之後的那個夏天去世），余教授當時相當了解我的論文內容，是一位稱職且熱心的委員會成員。

在一九九三年六月的一個悶熱的日子，我的博士論文是普林斯頓大學東亞系最後三篇進行答辯的博士論文其中之一（另外兩位是 Tom Nimick 和已故的 Marcus Keller）。當我的答辯結束時，裴德生（Willard Peterson）看著其他兩位委員余英時和 Elizabeth Endicott-West 有些疲倦地說：「我們就告訴他通過了，不需要離開房間隔離審議了，好嗎？」余教授熱情地點頭表示同意（我想他當時和其他人一樣累）。如此一來，我就免於那痛苦等待命運宣判的儀式性三十分鐘。我將永遠滿懷感激地銘記裴德生教授的動議和余教授之附議，那天我是唯一一個這樣離開的人。

余教授勇於說出他的想法並承擔其後果。在一九七〇年代，當他敢於將毛澤東與明朝開國皇帝朱元璋（一個隨著年紀漸長變得越來越偏執與不穩定的人）做出適當且準確的比較發表之後，他在中國官方媒體上遭受到三個星期的猛烈攻擊（就如同最猛烈的打擊會引發最響亮的叫聲一樣）。在一九九〇年代，他對擔任毛澤東私人醫生的李志綏所寫回憶錄[1]發表一篇諷刺性而具鑑賞力的評論，題目為〈在榻上亂天下的毛澤東〉，這再次為他招致了美名與罵名。但他也是個富有同情心、感受力與高情商的人，有時候讀到關於自己國家人民所受苦難的故事，也會被深深地打動。有一次，他讀了一組有關南京大屠殺的資料，之後整整一個月無法入睡。

余教授除了為人和藹可親、學識一流之外，還具有極佳的幽默感。在一堂關於滿清征服中國的課程中，我們討論到這一事件流行的羅曼史，我因而提到了陳圓圓的故事及其如

1 Li Zhisui, *The Private Life of Chairman Mao: The Memoirs of Mao's Personal Physician*（New York: Random House, 1994）.

何引發這場戰爭的假想角色（我會知道陳圓圓是因為一位喜歡閱讀歷史言情小說的臺灣朋友告訴我的）。當我談到我的中國友人有時會驚訝地睜大眼睛說：「什麼？你研究清史居然不知道陳圓圓？」時，他笑得很開心。出於某種原因，這真的戳中了他的笑點。他的幽默有時是為了自謙，他很擅於自嘲。有一次他向我們承認，連他自己都對三國歷史以及哪些是基於《三國志》、哪些是來自《三國演義》而感到困惑。還有一次，他在黑板上寫下了「凳」這個字，然後把頭轉到一邊，盯著看了一會兒，笑著用中文說：「等一下，這不是『橙』嗎？」

余教授的第一本英文書是關於漢代對外關係，此書引起了研究同一主題的西方史學家一些懷疑與批評。簡而言之，他們某些人表示懷疑，認為余教授在有意無意之間認可傲慢的漢族中心主義（以中國為中心），即中國處於世界中心的概念和觀點，四周被較為弱小而野蠻的人群圍繞。余教授很快地抓住了問題的核心，在一次課堂上對我們說：「這些批評的問題在於我是中國人。如果我不是中國人的話，他們就不會有這些懷疑。」在這件事情上，他是絕對正確的。毫無疑問這樣的漢族中心主義在漢代的確存在，但將其扣帽子到二十世紀中一位知識淵博且負有盛名的紳士上，就太過離譜了。這或許並不等同於全然直接的種族主義，但至少是基於種族對他的懷疑，這在學術脈絡與學術社群中無論在當時或現在都是不得體而愚蠢的，在今日任何文明的機構或學術單位等等更是如此。基於種族的歸類和推斷就是一種糟糕的形式。

二〇一四年春天，我在中央研究院臺灣史研究所做研究，當時我正在寫一本關於臺灣白色恐怖的書。在那裡，我目睹了太陽花學運從第一晚的爆發到接下來的發展。連續兩個星期我每天晚上都去立法院四處走走，並和人們交談，拍下數百張照片和影片。我被整個運動吸引住了，以至於我後來寫了一篇長篇個人經歷的記錄。[2]

結果余教授對此有著敏銳的洞察，看到臺灣太陽花學運的真實面貌——公眾情緒和焦慮的自發性發宣洩，而非只是由一小群外部煽動者唆使和安排的一場動亂。在他發表這番言論後不久，他的書在中國就被禁了，當我告訴王汎森這件事時，他說：「太好了！現在他的書會更好賣了！」臺灣的深藍人士也對余教授非常不滿，但這並沒有嚇到他。畢竟他是一棵經常遭遇大風的大樹，而他對此早已習以為常了。

余教授學問的廣度和深度可由以下事項加以證明：他在一九六七年出版關於漢代中國

2 David Curtis Wright, "Chasing Sunflowers: Personal Firsthand Observations of the Student Occupation of the Legislative Yüan and Popular Protests in Taiwan, 18 March-10 April 2014," *Journal of Military and Strategic Studies* 15.4（2014）: 134-200. https://jmss.org/article/ view/58140/43749（Accessed 3 October 2021.）

對外關係的優秀專著，[3]因而在匈奴研究圈裡享有盛譽。與此同時，他在思想史學界也因為對於中國題材的廣泛研究而聞名。但他在這兩個圈子並沒有同步廣為人知！也就是說，思想史家有時得知他早期的漢人與匈奴研究會感到驚訝，而匈奴研究學者則會特別驚訝於他在中國思想史領域裡做了那麼多的研究，由此可見余教授有著多元的心靈和興趣。如果有什麼方法可以暫時改變天命，讓像余教授這樣真正優秀的人得到殊遇，創造出兩種版本的他將會同時在匈奴和中國思想史研究中產出大量的重要作品，且兩者都具有同樣的里程碑意義。

（原載《漢學研究通訊》第四十卷第四期，二〇二一年十一月）

3 Ying-shih Yü, *Trade and Expansion in Han China: A Study in the Structure of Sino-Barbarian Economic Relations*（Berkeley: University of California Press, 1967）。當我在普林斯頓大學讀書時，余教授很慷慨地贈送我一本，並為我簽名。我至今仍加以珍藏。

最後的相見

何俊

曾任杭州師範大學副校長兼國學院院長；哈佛燕京學社、臺灣大學東亞儒學研究中心訪問學人，現為上海復旦大學特聘教授。

八月五日早上醒來，微信中便有友人告知余英時先生逝世的噩耗，並向我確認。我馬上電話余府，但電話已設置忙音。隨後看到中研院的訃告，余先生真的走了。整個一天心緒恍惚，除了請友人將我給余先生九秩頌壽時寫的短文《溫潤而見風骨》轉成微信，以志追念外，全無心情做其它事了。至晚間，又有友人囑我該寫點什麼。我記憶中最先呈現的是余先生經常對我講，他晚年最自樂與追求的，就是像顧炎武的《日知錄》所表達的，每天讀書獲得一點新知。我始終以為余先生講顧炎武，日知只是一半，故提筆寫下：「博學於文，廿載師說繫夢思；行己有恥，通體道義發新枝。」並題記：「昨睡前念起，覽余師之《會友集》。晨起噩耗驟來，恍惚終日。二十年來先生每以炎武自況，書之以志哀傷。辛丑立秋前二日。」

此後數日，有關余先生的生平與學術，網路上紛至遝來，其中，極大部分沒有超出我的認知。在悼念與緬懷的主流聲音外，也夾著一些雜音，甚至是極刺耳的雜訊。余先生已是進入歷史中的人物，而且是處於複雜歷史過程中特立獨行的知識人。對於這樣的人，局外人往往是很難真正理解與體會的，因為論跡容易論心難，像余先生這樣學貫中西，博古通今的學人，他的精神世界既一貫又豐富，既涵張力又達圓融，並不是很簡單能概而言之的。至於毀譽，聲名隆盛，謗議相隨，幾乎是古今通例，實在更不足以議了。

我最後一次見余先生是美國當地時間二〇一九年四月二日近午。那天專程從杜克飛紐約，再轉火車去普林斯頓給他老人家頌壽。到時，先生照例尚未起來，師母開車帶我去普大看新蓋的藝術樓，等下午一點三十分回府上，先生已睡起在等我們了。

距上次見面已近八年，相見自然是非常開心。余先生告知因為用激素，所以人胖許多，但除了耳朵時背，走路較往日顯老邁，尤其是行動後氣喘需息，其餘皆好。先生幾年前曾生過一場大病，但具體從來不談起，師母每次也欲言又止。也就是那場病後，他從年輕時就抽得很兇的煙，從煙斗到香煙，都戒了。這次好像茶也只喝淡的，或改只喝開水了，這個記不清了。直到今年的一次電話，師母才告知我，先生那場病共化療或放療達四十二次，具體什麼病，師母沒說。師母還告訴我，每次陪先生去，她只能留在外面，先生自己進出，始終很樂觀、堅耐。這次見先生，他依舊樂觀，除了剛見面時，稍及自己身體數語，而且說很好，便只言其它了。

落座後，余先生講，人老了，什麼理論、學術都不重要了，最珍惜的便是人世間的溫情了。我知道，這是余先生在表達他很高興我去看望他。學術幾乎就是他生命的核心內容，又怎麼會真的不重要呢。當然，余先生講的話，也毫無疑問是真心話，只是不能作簡單理解。由此聯想到，脫離語境的古人語錄，表面的文字義與真實的指義實在是需要費思量的。我接著向余先生報告前幾天田浩教授在亞利桑那主辦的「中國歷史上的權力與文化國際學術研討會」的情況，余先生聽得很認真，他還專門為會議手寫了十七頁的英文論文

Confucian Culture VS Dynastic Power in Chinese History。我把自己的會議文稿《權力世界中的思想盛衰悖論：以胡瑗湖學為例》也呈交先生指正。

隨後又聊及詩、字，我打開手機，把新寫的「流水無聲映日斜，晝夜不舍向天涯。江湖時時起風波，不喜不懼作浪花」呈先生與師母一哂，他們很開心，誇我有進步，自然是鼓勵我。師母建議先生酬和一首，先生說酬和須興起，先抄下，待興來和之。這次給先生頌壽，我從杭州給二老各帶一條真絲圍巾，另帶一支湖筆、一小盒明前龍井、一個畫著豐子愷兒戲圖的布袋。師母回贈我一個玻璃鎮紙，是專門從Hamilton買的工藝品。先生與師母待人總是非常用心的，常常見之於這種細微處。

那天一點三十分先生起床，一起外出吃了壽麵，回府上聊天，晚餐再外出吃，直到八點三十分先送二老回家，我離開，長達七小時與先生、師母閒聊，先生一直精神不錯。除了前面談及的會議情況外，先生對國內同道頗多關心，他問及陳來、葛兆光的近況，囑我回國代問候。聊天也總是隨興的。余先生對著師母講，也是對我講：你來看我，現在讓我想及錢先生九十壽時，我去看他。先生講這話後，停頓了一會，眼睛裡流露出一些思念。余先生對錢先生的感情很深，他曾對我講，錢先生是進入他生命中的人。由此，師母又聊及錢先生門下的一些趣事。師母在講述那些人與事時，先生便笑聽不語。然後話題不知又怎麼轉到余先生在哈佛的讀書，便講到了史華慈與費正清，講到田浩當年博士畢業求職亞利桑那時，余先生與史華慈如何相約推薦，云云。總之，話題伴隨著時光在流轉。當我最後送先生與師母回到家，先生與我緊握著手相擁而別時，我頗感悵然。

上週六，林載爵兄來信告知，聯經出版公司籌劃線上紀念專輯，問我能否寫一篇短文，一週交稿。我當時回覆：「試試吧，心情有點低落。如寫出，呈兄。」這個星期來，我常念想余先生，常想到先生府上掛著的一幅楹聯：「未成小隱聊中隱，卻恐他鄉勝故鄉。」那是師母父親雪翁為余先生新居書寫的，款文云「英時近集坡公詩句放翁詞句為楹貼囑書之」，落款是「丁巳秋日」。丁巳是一九七七年，上一年，楊聯陞先生題贈余先生：「何必家園柳？灼然獅子兒！」兩聯相映，雖然那是幾十年前了，但余先生的心志情懷與不得已恐未變，亦難變。這周來，每念及此，心境寂寥。今天又是週六，一週到了，想來還是應該寫點以為紀念，便拉雜地追記與余先生最後的相見。

辛丑出伏後一日於恕園

（原載「聯經思想空間」：網址 https://www.linking.vision/?p=4443）

「士不可以不弘毅」
——懷念余英時先生

陳致

曾任香港浸會大學饒宗頤國學院院長、香港浸會大學文學院署理院長，現為北京師範大學—香港浸會大學聯合國際學院常務副校長。

八月一日余先生仙逝，八月五日才得到消息時頗感意外，十分震慟。我上次回港時曾與余先生通過電話，電話中感覺先生聲音健朗，並無異樣。不意遽而鶴馭，嗒然悵惘，久久不能平復。先生為人曠達，於生死並無掛礙，但我作為學生輩，仍覺萬般不捨。想起之前與先生相識，相交的種種，三十餘年宛如目前。

初識余先生與「內向超越」

我從上世紀八十年代後期開始接觸到余英時先生的著作。最初是參加中國社會科學院近代史研究所組織的一個讀書會，主要討論《從價值系統看中國文化的現代意義》一書。當時國內出版余英時的著作還很少，這本書是近代史研究所油印的。我們知道八十年代正值大陸興起文化熱，文化熱的背後暗含著以西方文化所代表的民主科學和法制來重新評估中國文化的思想，但對於西方文化的理解很多問題不夠深入。而這本小冊子中所談到的「真實世界」與「現象世界」；「超越世界」與「內在超越」；宗教與科學的關係，所談到的西方外在超越的價值系統不但沒有因為現代化而崩潰，恰恰為現代化的發生和發展提供了精神泉源。這些問題對於我們青年學子來說，倍感新鮮。雖然並不能完全消化，但是我們都覺得很受啟發。

一九九二年，我因獲得喬治華盛頓大學（George Washington University）艾略特國際事務學院（Elliott School of International Affairs）的獎學金，去美國留學。年底第一次去普林斯頓拜晤余先生，驅車穿過林木蓊鬱的美國東部鄉間小路，找到余先生的府邸。先生與師母熱情地接待了我們，聊了近兩個小時。我記得，余先生對於中國大陸有人將他歸入新儒家很不以為然。對於新儒家關於道統、學統、政統的論述；心性之學與良知坎陷；老內聖與新外王問題，其分歧是顯而易見的，他根本不同意新儒家只強調心性的超絕性，對於儒家傳統的制度與習俗等物質性的存在都略而不論。

先生在求學過程中，曾就讀新亞，如果說余先生與新儒家的思想有相通的地方的話，我以為就是在「內在超越」（Immanent transcendence）和「內向超越」（Inward transcendence）這一問題上。若干年後，與余先生又聊起這個話題，余先生說他已修訂了他的觀點，提出「內向超越」的概念，相對於「外向超越」（Outward transcendence）這一概念，更適合用來解釋儒學的特質。我們知道，「內在超越」本源於康德哲學中外在與內在這一對概念，康德講內在的形上學（Immanent metaphysics）和超絕的形上學（Transcendent metaphysics），而牟宗三先生用「內在超越」將這兩個對立的概念，實現了對立的統一，從而解釋儒家傳統中天道的兼具超越性和內在性。這種解釋雖然極有創意，也自然帶來了不少爭議。余先生後來一再提到他改用了「內向超越」的說法，指出這樣可以避免「存有論的承諾」（Ontological commitment）。

錢鍾書與余英時

一九九二年底我轉學到威斯康辛大學讀書，與先生時有電話聯繫。幾年後，我到新加坡國立大學工作，在那裡完成了博士論文《從禮儀化到世俗化——《詩經》的形成》。一九九九年夏天，我去普林斯頓大學時又謁見了先生，並且將我剛完成的博士論文帶去請先生指正。那天在他的辦公室裡聊了很久。當時，正值錢鍾書先生過世，余先生講了不少與錢先生交往的舊事。他認為錢先生天分與才情太高，根本藏掖不住。余先生說他第一次見錢先生是在三里河俞平伯先生的家。那是文化大革命之後，余先生率美國漢代研究代表團第一次訪問中國，同行還有張充和的先生傅漢思（Hans H. Frankel）等研究漢代的歷史學家。在俞家見面的還有文學所的余冠英等先生，其他幾位都說話很小心，但錢先生則是百無禁忌，什麼都敢說。第二年胡繩、費孝通、馮友蘭、錢鍾書等大陸學者回訪美國，余先生提到當時的情景，仍覺歷歷在目。「他的才情是壓不住的，隨時隨地會溢出來，而且出言真率，不加掩飾。」閒聊中說到吳晗等「三家村」的冤案時，大家都為吳惋惜不已。錢鍾書先生忽然說：「吳晗也沒少整過人啊！」語驚四座。在這次訪美的見面座談會上，有學者提問時，錢先生總是回答得快且風趣。當有人問費孝通先生問題時，費就直接說：「請錢先生回答吧，他懂得多。」說起錢鍾書先生，余先生還是由衷地讚歎。當然，余先生對錢先生欣賞之餘，在學術方法上，余先生又坦言自己與錢的路數可以說完全不同。

對於我的博士論文，余先生頗為讚許。後來我投寄到德國的華裔學志出版社，余先生還為我寫了推薦信，其中提到論文所關注的課題及所用的方法是新穎及深入的，並在概念化的過程上充滿著重要的洞見及創造力（a fresh and deep study of the oldest classic in Chinese literature and full of important insights and ingenious in conceptualization）。余先生的獎掖對於我來說，不啻於莫大的鼓勵。

「以仁為己任」

二〇〇〇年八月，我來到香港浸會大學中文系教書，設計了一門課程：「中國古代思想與今日社會」，我當時的想法是給碩士班的學生介紹中國古代思想中的一些核心價值和理念，以及這些核心概念如何在今日社會中被檢驗，如何被重新詮釋。課程的前半段主要是介紹鴉片戰爭以來，學術界和文化界的各種思潮的產生、發展和碰撞；後半段簡要地介紹一些當代的思想史學者，如余英時、林毓生、勞思光、傅偉勳、劉述先、成中英等的論著。當時，《明報月刊》的編輯陳芳女士也在課堂上，她對課程的內容極有興趣。二〇〇六年十二月，美國國會圖書館頒發「克魯奇」獎（John W. Kluge Prize in 2006）給余英時先生。《明報月刊》總編輯潘耀明先生委託陳芳女士邀請我和余英時先生作一訪談。此後，從二〇〇七年二月至二〇一〇年，我通過越洋電話與余先生先後作了多次訪談，整理後分別在《明報月刊》、《國學新視野》、《中國哲學與文化》等處刊出。後由中華書局結集出版。訪談的內容豐富，涉及面很廣，也給了我難得的機會了解余先生的學術志業和思想。訪談過程中，余先生與我多有郵件及傳真往來。先生長我三紀有餘，而折輩論交，都按照傳統的習俗稱謂，非常客氣，禮數周至，這也讓我感觸良深。

按照王汎森先生的話說，余先生的研究可以用四個字來概括：「從堯到毛」。在從堯到毛的廣闊視域中，似乎始終貫穿著一個核心，用一個字來說的話，應該是「士」，就是現代意義上的知識分子。

在余先生看來，從古代先秦巫史傳統中士的興起到上世紀科舉制度廢除後知識分子的思維遭際和社會地位的浮沉變化，都是他深切關注的。比如談到儒家傳統中的議政精神，說到孟子以後到齊學中的轅固生、眭孟、蓋寬饒等言禪讓的知識分子，一直到東漢清議，個體主義的覺醒；至宋儒所說的「道統」、「道學」、「道體」皆指向三代之治的「社會理想」，宋代理學的興起，知識群體與君權的張力；講明代陽明學由「得君行道」轉而向

「覺民行道」，明末黨社對政治的積極參與，後來又討論明清之際的學術的變遷，考據學的興起。直至近代傳統的士為現代知識人所取代，知識分子在社會運動中所扮演的角色和遭際等等。在余先生看來，士或知識人代表中華民族與文化之魂，數千年的淘洗下來，由衰服華采而衣衫凋敝，真是令人不勝欷歔。

余先生曾經說，知識分子雖然在科舉制廢除後，已經失去直接上升仕途、參與政治的階梯，可以說被邊緣化了。然而，在歷次政治和社會運動中，知識分子又往往是衝在前面，傳統士人那種以天下為己任，擔當社會道義的責任心，始終未減。先生雖然非常推重士大夫那種「不色撓，不目逃，行曲則違於臧獲，行直則怒於諸侯」的志節，但對於被政治風潮席捲中的知識人又不只是訾評，同時也抱有深切的同情。

在與余先生電話訪談與當面請益過程中，我始終覺得先生既是站在「超乎其外」的角度來審視，同時又是真正地「入乎其內」，最能深切地理解、透澈地擘析傳統士大夫與現代知識分子的思想性格。其所以如此，乃是因為先生本人也是既兼具傳統士大夫尚名節、重風議、民胞物與的胸次，又有現代知識分子的淹博、精審及敏銳的識斷。

一九九九年錢鍾書先生去世時，余先生說過錢先生是中國文人文化的最後一道風景。如果說錢先生宛如一位典型的傳統文人，我則覺得余英時先生無論是思想感情、行為模式與人生理念上，都儼然是傳統的中國士大夫的典型。

二〇〇一年，余先生從普林斯頓大學東亞系榮休，我時方至香港浸會大學工作不久，作了一首小詩寄余先生：

英時先生榮休懷寄呈

文章久零落，振起復何人？學如太倉粟，相因亦已陳。束髮初讀先生作，如歷高岑覘雲壑。出經入史劇縱橫，詎勞郢斧煩繩墨。彈指十年見面初，辟廬叢窈離城居。我有繁言期問道，遽薄講坫語縈紆。爾來矻矻耽文字，亦懷鉛槧思一試。繆許學苑得窺籬，恩斯勤斯愧何地。幾年塵瑣噉浮名，皮骨空餘去來今。楚灘越瀨弦中泝，王屋太行楮端橫。泰西天南屢歧誤，欲策歸鞍忍回顧。趑趄時復叩前途，為余遙指粵嶠嶼瀠形勝處。一別新州今兩年，望斷重雲隔海川。返國東南如有意，償余胸愫侍經筵。

詩中所言，都是實錄和內心的真實感受。

（原載《明報月刊》第五十六卷第九期，二〇二一年九月）

接過余英時先生所傳慧炬，讓自由之光永耀宇內

陳懷宇

曾任教美國羅格斯大學、西來大學，現為亞利桑那州立大學歷史、哲學、宗教學院（SHPRS）與國際語言文化學院（SILC）合聘助理教授。

和很多師友一樣，在八月初突然得知余英時先生八月一日在睡夢中逝去的消息，感到難以置信。最開始是上海一位年輕朋友發來消息求證，被我當場斥責回去。但隨著各種消息如潮水般湧來，才意識到真有其事，一時哽咽難言，頓感我們這一代讀書人心中那盞最閃亮的明燈熄滅了，心底充滿無法排解的挫折和失落，對現實感到前所未有的黯淡和倉皇。好幾天都無法接受余先生已經不在人世的現實，因為實際上就在今年春節期間，我還打電話去余府請安，並受大陸一位友人囑託感謝余先生為其題字。而整個春季我一直在等待《清華與「一戰」》一書出版，以便收到之後給余先生寄一本並打電話，但未料新書一直未到，而余先生倏已作古。

雖然和余先生認識也有二十多年了，但其實平時接觸不多，主要是我也知道找余先生的人很多，先生和陳淑平老師又極為寬宏大量，對來訪學人幾乎有求必應，我覺得自己還是盡量不要打擾余先生和陳老師為好。近年才在朋友提醒和督促下，終於在二〇一九年向余先生求字，余先生當即給我寫了一大幅王靜安先生的為學三境界論以示鼓勵，沒想到現在成了永遠的紀念。近兩年打電話時能感到余先生的聽力大不如前，有時需要陳淑平老師提示，實讓人有緊迫感，但余先生突然去世完全是意料之外。也正如陳弱水先生告訴我，我們都知道老師有一天會離開我們，只是都沒有想到會這麼快。回想起來，我意識到自己可能是普大的中國大陸留學生中最後一位和余先生還有交遊之人，而且也因為這樣的交遊，我赴美以來的學術生涯可謂直接受到余先生人格和學術的深刻影響，也讓我感到有必要將余先生對後學的一些無私照拂作為史料留下來，讓年輕人了解當代學術史的某些側面，希望以後接過余先生所燃起的慧炬，將光傳下去。

一、略憶余先生二三事

在我赴美以前，開始特別留意余先生的論述並想了解其人，主要是因為他對陳寅恪先生的研究。在上大學時僅讀過《士與中國文化》、《猶記風吹水上鱗：錢穆與現代中國學術》等少數作品。彼時我對思想史視為畏途，並未特別措意，反而沈迷於小學、目錄學等傳統學問，曾想以古文字為治學方向，接觸了羅振玉、王國維、陳夢家、唐蘭、姚名達、王重民等人的作品。但因一九九三年暑期絲路之旅，我決定轉向絲綢之路研究，當時回來後給敦煌研究院院長段文傑先生寫了一封信，沒想到他很快就回信了，並告訴我他將到北京開會，請我去他下榻的內蒙古賓館一敘。一九九四年我開始準備本科論文，指導老師曾追隨陳寅恪弟子王永興先生學習隋唐政治制度史。不過，就在這年秋季學期，我每週四都會騎單車去北大，在榮新江老師教的「敦煌吐魯番文書導論」課堂上旁聽，為考碩士研究生做準備。一九九五年春季，我順利考取了中西交通史專業碩士項目，也列名榮老師的吐魯番碑銘讀書班。是年秋季，開始正式追隨剛過而立之年不久的榮新江老師，主要題目是做吐魯番地區出土景教文獻。北大的敦煌吐魯番文獻研究頗受陳寅恪影響，因八〇年代以季羨林、王永興為首分別在東語系和歷史系組織師生開始研讀這些出土文獻，東語系有季先生主持的西域文獻讀書班，側重陳寅恪的東方學傳統；而歷史系則有王永興、張廣達先生主持的敦煌吐魯番文書研究小組，側重陳寅恪的隋唐史傳統。季先生、王先生都是陳寅恪的及門弟子。歷史系給我們上隋唐史的吳宗國老師又曾師從陳寅恪晚年學生汪籛先生。當時我們作為青年學生，主要還是就學理層面來理解並認識陳寅恪的學問。

一九九五年因為中國大陸出版了《陳寅恪的最後二十年》，風行一時，遂引發中國大陸社會上所謂「陳寅恪熱」，陳寅恪的大名也因此從學院殿堂走向民間，其學術以外的生平與政治態度逐漸成為大眾廣為關注的談資。我也未能免俗，開始關注東方學和隋唐史專業以外有關陳寅恪的研究，並很快注意到余英時先生的《陳寅恪晚年詩文釋證》。而當時此書在大陸並不易見到，大家看到的都是文化打手攻擊余先生的那本小書，而買那本小書的目的其實主要是看後面所附余先生的原作。一讀之下，極為嘆服。這也算因禍得福，余先生有關陳寅恪研究的作品竟無意間隨著這本爛書流傳開來。

因為榮老師在專業上的影響，原本我以為自己將有最大可能是去賓夕法尼亞大學讀敦煌學研究的博士。未料一九九五年起榮老師開始主編《唐研究》，邀請了普林斯頓大學宗教系專研敦煌的太史文（Stephen F. Teiser）擔任編委，遂讓我也試著申請了太史文所在的宗教系。雖然我從未有過專業的宗教學訓練，只是讀過一點西域出土宗教文獻，蒙太史文不棄，得以進入普大博士班。正是因為進入普大，得以近距離接觸到當時名滿天下的余先生。也正是因為余先生的影響，我並未將自己的學術範圍侷限在博士專業訓練之內，直到現在我刊出的論著幾乎一半都和我當時博士領域關係不大。沒有余先生這盞明燈照亮我走過的路，是不可想像的。這種因緣可謂陰錯陽差，也是我完全始料未及的。能和余先生處在同一時代並有所交遊，人生何其幸哉！

當我進入普大之時，照例需要完成三個研究方向的博士候選人資格考試，主修自然是太史文指導的中國宗教，副修選了本系的日本宗教。而為了討巧省事，另一個副修則依據自己曾學過中國史而選了東亞系裴德生（Willard J. Peterson）先生指導的中國思想史。當時我已經知道余先生的年齡接近退休，當發現他還在上課，即以朝聖般的心態上了他退休前最後一門課，主要是宋遼金元史，一開始上課便是討論《東京夢華錄》。他上課基本上把我們當沒有太多文史背景的小孩子，因為上課學生程度不一，加上當時自己剛入校不久，英文口語尚不俐落，在課堂上實際並不能有充分交流的機會。真正和余先生聊天比較有趣還是在課下。這也正應了《禮記》中的古話：善待問者，如撞鐘，叩之以小者則小鳴，叩之以大者則大鳴，待其從容，然後盡其聲；不善答問者反此。魯鈍如我，正是不善答問者，我和余先生初次見面即被「訓斥」便是一證。

實際上在上余先生課之前，即在入學不久，大約是一九九九年，在東亞系壯思堂的一次聚會上初次見到余先生。也許是由余先生學生介紹給余先生問好，具體情形已經忘記，反正剛到普大不久很快就認識了從大陸來的陸揚、冀小斌，以及從臺北來的盧慧紋等人。當時只是和余先生閒聊幾句，我無意中使用了「解放前」一詞，當即被余先生打斷，余先生反詰道：解放什麼？此次事件之後，我即自我反省，言語中盡量避免在中國大陸多年教育中被馴化而習以為常的「革命話語」。然而在中國大陸出版的著述中，仍因政治審查而無法避免，就在今年我出版的《清華與「一戰」》一書中，[1]我即發現原稿中的「國共內戰」竟已被赫然改為「解放戰爭」，很顯然出版社按照當局批判歷史虛無主義的慣例處理。我完全理解其無奈之舉，也不想給出版社帶來麻煩。這種語言行文的差距，確實也明顯存於海內外學者的論著之中。余先生的語言在當代海內外華人學者中頗受推重，雖然一生大部分時間在美國，但因受到錢穆先生和胡適之先生的影響，文言文和白話文寫作均可隨心所欲，又長年累月堅持以中文寫作，文風古雅犀利，清新脫俗，獨具一格。我們這一代大陸學者，雖然從小學就開始學一些古文，但從小寫作文實際並無章法，除非刻意苦練，否則很容易沾上一點革命文學，或曰黨八股習氣。再加上經年累月地寫思想彙報，詞彙中不乏「革命氣息」，即使成年以後，常常也不易糾正了。余先生受過良好的傳統教育，能寫典雅的文言文和舊體詩，也能寫清通有力的白話文，書法也自成一體，非常令人佩服和羨慕，這也是我們這一代人中小學教育非常欠缺的。儘管我上大學時，也曾嘗試過寫舊體詩，但進入研究生院之後徹底和曾經的文學青年氣質做了切割，也最終失去了這一久遠的文化傳統。和二十世紀上半葉成長起來的一代學者比，我們這一代的舊學功底要差很多。這不僅是限於中華地區的現象，即便在日本漢學界，也同樣存在這樣的代際差異。能寫漢詩的新一代漢學家在舊學方面遠遠不能和藤田、狩野、內藤甚至晚一輩的宮崎市定、吉川幸次郎那一代人相提並論。當然，時代在發展，不必拘泥於傳統，一代有一代的學問，年輕一代可以篤力於新學，開一時風氣。

當然和余先生的初次見面除此「小插曲」之外相當愉快，確有如沐春風之感。因我本科階段即在北平輔仁大學舊址住過一年，幾乎每日經過陳垣校長勵耘書屋原址，加上系上仍有不少陳垣先生弟子，可以說受到陳垣學術傳統的濃厚薰陶。又已讀過余先生研究陳寅恪的作品，非常想知道余先生對陳垣的看法，即諮之余先生。余先生遂述陳垣實乃其父早年的指導教授，要為尊者諱，並無意研究陳垣。不過余先生特別提到陳垣的「不走」。陳垣早年曾是北京政府議員，國民革命軍到北京，政權易幟，陳垣不走；日本軍佔領北京，

1 陳懷宇，《清華與「一戰」》（杭州：浙江古籍出版社，二〇二一）。

陳垣也不走；共軍打到北平，陳垣不但不走，還親自去西直門迎接入城。說完這些個「不走」，余先生笑了笑，一副「你曉得的」的神態。是的，我們都懂了。余先生在回憶錄中簡單提到他父親余協中從燕京大學歷史系畢業，論文寫《劉知幾之史學》，指導教授為陳援庵（垣）先生。後因對歐洲史、美國史興趣更大，一九二六至一九二八年到考爾格（Colgate）大學和哈佛讀美國史。[2]我曾考證余協中先生或是隨一九二五年訪問燕京的西洋史教授洛伊（Walter I. Lowe, 1929-1967）到考爾格，因為洛伊正是該校教授，一九二五年曾捐贈大批西洋史資料給燕京並講授西洋史。其女婿甘博（Sidney Gamble, 1890-1968）一九一二年畢業於普大，一九一七年來華，曾在燕京兼職任教，一九二一年出版轟動一時的《北京的社會調查》一書。余協中先生在燕京求學期間亦曾參與社會調查，或受甘博介紹入華的社會學調查方法影響。[3]當時陳垣主要以宗教史研究知名，一九二三年起開始在燕京大學兼課，與燕京的劉廷芳、吳雷川、洪業等人共事。[4]

余先生在世時，正如周質平老師所說，「受惠於他的人不知凡幾，但他卻從不麻煩任何人。」[5]余先生離世也是靜悄悄，真是一生福份所至。我平時也是盡量不麻煩余先生，僅將自己定位為穿針引線之人，偶爾會引薦中國大陸學人前來「朝聖」。之所以如此，乃是因為余先生已宣告不再踏足陸、港。而作為當代在華人世界最有影響的一位學人，很多青年學子都希望見到他，我也希望自己充當橋樑，幫助中國大陸學者親接余先生道風。我在普大讀書第三年，余先生就退休了，甚至連辦公室都搬空了，騰出來給新教師。余先生去世後，北京的師兄和香港的師妹陸續發來兩張和余先生的合影，往事亦隨之湧上心頭。我想就這兩張照片略述余先生對中國大陸學者、學生的情義。

驚聞余先生去世的消息，師兄隨即將當時我為他們拍攝的照片發給我。二〇〇一年春，哈佛燕京學社訪學的五位中國大陸青年學者組團前來普大，包括中山大學政府管理系肖濱、北大哲學系王博和比較文學研究所張輝、人民大學歷史系劉後濱、南京大學中文系徐興無，他們請我幫忙聯繫余先生，他們希望這次普城之旅能拜訪余先生。我即打電話給余先生，余先生對不少中國大陸青年學者都勉勵有加。因此，余先生二話不說，很快現身校園，在東亞系一間已經基本騰空的辦公室和五位學者座談，這些學者中僅有後濱一位從事歷史學研究，其他人則研究文學、哲學、政治學，但顯然都已熟知余先生的聲名。儘管

2 余英時，《余英時回憶錄》（臺北：允晨文化公司，二〇一八），頁十四。
3 陳懷宇，〈余協中先生早年留學柯爾蓋特的一點史料〉，《讀書何妨為人忙》（杭州：浙江古籍出版社，二〇二〇），頁四三—四八。
4 參劉賢，〈陳垣基督教信仰考〉，《史學月刊》十期（二〇〇六）：頁八三—九一。
5 周質平，〈敬悼余英時先生〉，《明報月刊》九月號（二〇二一）：頁三三。

當時談話的內容已不記得了，也不清楚和余先生的談話是否真的會激發這些學者的學術創造。無論如何，大家在中國大陸都不可能有機會拜訪余先生，有機會出訪海外，當然都抓住機會來訪。我也將五位學者介紹給了當時剛留校在東亞系任教的陸揚先生。我們又一起去參觀了附近的高等研究院，幾個年輕人度過了極其意氣風發的一天。

師妹則發給我當年余先生和普大留學的部分學生的合影。必須指出的是，我剛到普大的時候，頗驚訝於校內華人社會的多元，僅以學生組織而論，當時普大至少有四家，即以中國大陸學生為主的中國學生學者聯誼會、歷史最為悠久的中華民國同學會、特立獨行的臺灣同學會、以華人本科生為主體的華人學生會。香港和東南亞地區來的華人學生，則隨個人意願參加不同學生會的活動，大部分活動實際與政治無涉，可能更多是觀念和文化的不同。對於每個個體來說，沒有那麼多因政治立場的不同而造成的老死不相往來。然而大部分華人學生均從事理工科學習。從事人文研究的學生合兩岸三地一起也是極少的。一九九八年普大招收的大陸學生約四十人，其中三十八位專業為理工科，不乏多位數理化奧賽金牌得主，人文學科僅我一人，另一位則進入威爾遜國際關係學院。我一九九八年剛到普大的時候，有兩、三年時間在普大讀人文的中國大陸學生極少。但之後的數年則幾乎每年都有中國大陸學生來東亞系。於是我也聯繫余先生，請他出來和大陸新生見面，畢竟余先生是校內極有影響的人文學者。而且他雖然退休了，卻仍然經常來葛思德圖書館看書，有時候會在圖書館偶遇他借書。我深感中國大陸學生很少有機會聆聽余先生教誨，遂請余先生出來和新來乍到的師弟師妹們見面，對年輕人有所勉勵，余先生總是欣然答應。余先生和師弟師妹們有合影，拍攝時間可能是二〇〇四年。當時余先生已退休數年，辦公室早就還給了學校，我們只好請先生來到葛思德圖書館樓下的福里斯特學生活動中心咖啡廳和大家談話。雖然看起來是一件小事，但余先生從不拒絕，亦不嫌麻煩，總是如約前來和大家會面，了解大家的研究並提出一些自己的建議，並鼓勵大家。在我畢業離開普大以後，恐怕中國大陸新生和余公見面的機會也就不多了。

在普大讀書和離開普大之後，我也曾幫一些中國大陸機構和學人，甚至從未謀面的人，向余先生求取題簽和撰寫書序。當然很多時候也無法張口，怕給余先生增加負擔。我自己畢業後和余先生見面並不算多，然而每隔兩三年即有機會回校參加學術活動或短訪，則盡可能找機會看望余先生和陳淑平老師，從談話中獲得振奮精神。這種精神的支撐，在我早年的學術生涯中起了很大的作用。在我剛畢業時，雖然也是隨遇而安，但平心而論，事業發展並不算很如意。若非有余先生所散發的無量光焰指引，早已迷失於他途。而且我過了很多年後才意識到，余先生對我最大的幫助乃是將我的太老師張廣達先生接待到普大從事三年研究工作，使得我有機會和張先生常相親近。一九九八年秋我入學普大之後，得知張先生即將結束在耶魯的訪問返回巴黎，只得匆忙通了一封信，張先生回信提示了我碩士論文所需要參考的俄文文獻。沒想到第二年張先生即在余先生邀請下重返北美，而且是來到普大！自此我經常在周末去張先生家盤桓，不僅享用美食，更得張先生提點和教誨。當世在人格和學問都令人欽服的長者不少，但僅我接觸而言，則尤以余先生和張先生對我影響最大。張先生長期以來都是我的精神上的導師，在我最苦悶的時候必然想到張先生不屈的一生和堅韌的意志，以及他對學問的一種純粹的追求，這些精神上的指引一直支持我走到今天，並將繼續走下去。我經常周末在張先生府上吃完晚飯和老人家一起相約去圖書館，在電梯口分手，各自去自己的書桌前用功。張先生通曉多種語言，熟悉國際學術的最新進展，常在圖書館新書架前駐足，翻閱最新出版的論著。有一次即看到他在翻閱剛出版的多卷本《塔巴里史》，[6]並給我提示此書的史料價值。二〇〇〇年，余先生七十大壽時普大東亞系在壯思堂舉辦了隆重的慶壽學術會，余門弟子紛紛從各地趕來參加，氣氛非常熱烈。我和張先生也觀摩了會議。轉年是張先生七十大壽，我提議慶祝一番，後由陸揚出面安排，請得余先生夫婦參加，加上我和冀小斌，張先生夫婦正裝出席，在普城附近的中餐館聚會為張先生慶賀。張先生在普城三年，對我的影響也是無法估量的。而這一切的因緣都託余先生的圓滿安排才得以具足。

二〇〇八年我轉到亞利桑那州立大學任教之後，余先生得知我和他的弟子田浩（Hoyt C. Tillman）先生在一起共事，非常高興。打電話時就問，是否喜歡新的工作環境，田浩是否對我非常照顧。必須提到一件令人難忘的事，近些年和余先生交談，我會提到自己每年回國對中國大陸的一些觀感，當然我也會提到局勢的變化。余先生則一再提醒我注意保護自己，我告知先生回國做學術報告也是希望帶給中國大陸年輕人學術勇氣。然後開玩笑說，不知道所講的東西會不會被人說成是「毒草」。先生出於對我的保護一再說，「不要回去了，你回去能做什麼呢？」我也知道余先生最後一次回國時寫過「鳳泊鸞飄廿九霜，如何未老便還鄉。」在某種程度上因為家世的原因，我可能比余先生走得更遠，其實內心已是一個沒有故鄉，也沒有故國的遊魂。我童年時期對於故鄉的感知，恐怕正如同余先生一九七八年率漢代研究訪華團訪問時看到的，已經飽受革命摧殘的故鄉類似，當然就沒有了對故鄉的執著。實際上，自從先祖母二十年前以九十五歲高齡去世之後，我就再也沒有回過故鄉。余先生幼年在潛山的鄉居生活，尚且保存了中國的文化傳統溫情的一面。而我雖然出生在贛江岸邊鄉村，卻沒有這種溫情的體驗。因為出生在文革期間一個黑五類家庭，我從小聽到的就是小夥伴們天真無邪地喊著侮辱我祖父的口號，「打倒陳某某不老實」。我在家鄉讀到二年級就在期待我光宗耀祖的父親安排下，輾轉兩所更好的小學，然後十一歲就考入縣城初中，開始住校生涯，歷盡磨鍊。在青少年時期，我記得回家鄉去，

6 Ehsan Yar-Shater, ed., *The History of al-Ṭabarī*（Albany: State University of New York Press, 1989 —2007）

還有鄉親跟我說起土改運動時，他們當年這些所謂革命群眾查抄我老家，抄出藏書用長竹篙挑起來以便燒得更徹底，說這話時完全沒有基本的是非、廉恥。這種不分男女老幼的集體狂熱和幼稚，讓我對集體政治運動十分厭惡和特殊警惕。

迄今為止我一生都是在人類社會的邊緣生存，幼年時是革命群眾的專政對象、階級敵人，少年時在縣城被視為鄉下人，青年時在北京被視為外地人，壯年時在美國則是外國人，而且是共產國家來的人。我算是冷戰後第一代中國大學生，一九九一年九月入學，僅僅數月之後即發生蘇聯解體事件。而在一九九八年也是藉著柯林頓訪華的春風來美，但簽證過程可謂歷經千辛萬苦，完全拜冷戰時代東西方對峙遺風所賜。實際上在我成年後，我對做這種邊緣人、少數派反而安之若素，對於任何社團、黨派、組織、政府，甚至人民都無感，也不需要這些東西來定義自己的存在，也不認為這些東西值得依靠。惟其如此，反而能體會到一種前所未有的自立於天地之間的自由和坦蕩。儘管在中國社會底層僥倖逃生，也練就了一定程度的隱忍能力，但我也知道在這種隱忍背後自己內心實際上埋伏著一座火山，也許有一天會突然爆發。畢竟人生最快意之事莫過於寫書被禁掉啊！當然，在極權主義統治下的生活經歷其實不僅是一種生存磨鍊，也可以轉化成一筆重要的精神財富。沒有經歷過極權主義統治的人沒有切身經驗，恐怕難以理解這種感受，也缺少一個從內部窺視極權主義統治藝術的維度，有時候很容易被自己的所謂不著邊際的理想感動而牽著鼻子走，歐美很多極左不就是這樣嗎？

二、在自由之光照耀下走學術之路

實際上我並不認為在中國就無法做出學術，在美國因為有政治自由就能更好地從事學術。每個人的訓練、條件、境遇和性格不同，應對環境挑戰的能力也有差異，最後的結果也不一樣。如果說在中國做不了學術，這對一些踏踏實實在做研究的人來說是不公平的，也不符合事實。很多人正是在中國取得了很大成就，包括一生僅十年（一九七九—一九八九）能稍稍靜下來做學術的張廣達先生。事實上，陳寅恪雖然早年勤奮苦讀，積累深厚，但究其一生，做研究有所論述的時間僅大約四十年（一九二六—一九六六），而大量研究論著是在一九四九年以後刊行的，除了一些唐史論文之外，還有《論再生緣》、《柳如是別傳》等論著，多達百萬餘言。儘管得到各種力量的加持，但最主要的還是陳先生的意志力使然，沒有對自己高度自律、專注和自信，這是不可想像的。他生命中的最後二十年，土改、鎮反、三反五反、反右、大躍進、大煉鋼鐵、四清、社教、文革，一個政治運動接一個運動，偌大一個中國，哪裡能放下一張平靜的書桌？當然老人家當時已雙目失明也是一個偶然因素，眼不見為淨，反而發揮潛能。寅恪先生這種做法其實也可以看作是他身體力行自己提出的「獨立之精神、自由之思想」，從未被時代大潮和流俗裹挾，而是堅持自己一生安身立命的信念，並將其轉化成不朽的學術論著。如果將其「獨立之精神、自由之思想」理解為不附和當局的意識形態，則未免太狹隘了。在任何一個社會，哪怕是在自由世界，要是也能獨立思考、自由寫作，並且真正留下令後人景仰的論述，才是真正的「獨立之精神、自由之思想」。余先生的學術生命要比陳寅恪長得多，前後長達一甲子。但余先生和陳先生的學術生涯頗有一些等量齊觀之處，可以給予後學諸多啟發。和很多美國學者一生僅三、四本專著不同，余先生一生極為勤奮，在一甲子的學術生涯中，著述不斷，學問如無垠的大海，一浪高過一浪，一個高峰接一個高峰，洶湧澎湃，綿延不絕。這些方面，余先生更多是繼承了錢穆先生的特點，而遠遠超過了他的另一位老師楊聯陞。我特別感慨的第一點是，作為現代學者，余先生雖然是百科全書式淵博的學者，但並不像楊先生那樣「開雜貨鋪」式博雅路線，而是按照現代學術的原則，非常有選擇性地進入一些學術領域，並進行長年累月的耕耘，從而在這些領域取得了舉世矚目的成就，甚至可以說具有顛覆和重塑這些領域的價值。而這正和陳寅恪相似，一生不斷創新，開闢學術新領域，在數個耕耘最深的領域是開創者和奠基者，而幾乎在自己所涉足的每個方向上取得不同凡響的成就。勤奮、毅力、專注、勇氣、洞見這些條件缺一不可。余先生在六〇年代致力於漢史，除了博士論文討論東漢的生死觀，也出版了英文專著《漢代的貿易與擴張》，七〇年代則以明清思想史如《方以智晚節考》、《歷史與思想》、《論戴震與章學誠：清代中期學術思想史研究》、《紅樓夢的兩個世界》成就其作為思想史大家的國際聲譽，然後八〇、九〇年代轉向更為貫通式的思想史，從中國思想史角度回應和挑戰歐美學者的一些經典論述，如《從價值系統看中國文化的現代意義》、《中國近世宗教倫理與商人精神》等等。但在退休後又出版了巨著《朱熹的歷史世界》以及《論天人之際》。除了提出新論題、刊出新闡述之外，余先生還不斷更新和完善舊有的論述，如對胡適的研究，對陳寅恪的研究，晚年都出版了增訂本。陳寅恪是早年致力於所謂「殊族之文，塞外之史」，後轉向「中古以降民族文化之史」，晚年轉向「心史」。[7]當陳寅恪步入晚年時，正處於革命年代，當時他的同仁和學生如陳垣、王永興等人正在鬧革命，已經不太做嚴肅學術了，而他竟然相繼完成了《論再生緣》和《柳如是別傳》等著作。余先生和陳寅恪一樣，一生中不斷超越自己、挑戰自己、完善自己的精神實在令人驚嘆不已！這才是真正以學術為志業的人生。

第二點余先生和陳寅恪很類似的地方是，兩人都不太寫書評批評別人。余先生這一點

7 余英時，〈試述陳寅恪的史學三變〉，載《陳寅恪晚年詩文釋證》增訂本（臺北：東大圖書公司，一九九八），頁三九三—三五一。

與他老師楊聯陞迥異，楊先生一輩子寫了一百三十多篇書評，充當所謂「學術警察」，當然也很有價值。但書評畢竟是「短、平、快」的學術產物，並不能對所涉主題進行系統而深入的討論，甚至意義不如書評論文（review article），遑論論文和著作。以楊先生的學術地位和學術積累而言，未免讓人有些惋惜浪費時間和精力在這些書評上面，畢竟書評終究是寄生性的，學術貢獻極其有限，再重要也無法改變某一領域的思想與學術版圖，和自己集中幾個領域出版全面系統地論述完全不一樣。從來沒有問過余先生他是否對楊先生的做法引以為誡，想必以先生的厚道和對老師的感情，也不可能明說。但余先生以親身實踐證明他對書評完全是淺嘗輒止。這一點很像陳寅恪。余先生也和陳寅恪一樣，從不找人為自己的論著寫序，但卻樂意為同輩和後輩學者的論著寫序，闡述自己的學術主張。這一點也和中國學術傳統迥異。在中國傳統中，中青年學者完成著作，多半都會找業師或學界名人寫序以為背書。即便是年長陳寅恪十歲的陳垣，《敦煌劫餘錄》書成，亦求序於寅恪先生。而諷刺的是，寅恪先生的序實則帶有駁斥所謂「劫餘」的意味，指出轉運到北平圖書館的敦煌遺書的重要價值。當然這種做法也有它好的一面，體現尊師重道，師生情誼。陳寅恪和余先生在這一點上，似和第一點我所說的專注某些領域一樣，也是發揮了現代學術的特點，並無意以名人序文自抬身價，亦不常以書評指摘學界論著，更多的是通過論著提出自己的學術論題，指出其學術旨趣，並系統地闡述自己的觀點，論證自己的創見，明確清晰地表達自己的學術主張。無論如何，我想指出的是，余先生和陳寅恪在上述兩方面都是典型的現代學者，而與中國學術傳統實已分道揚鑣。這兩方面也對我有影響，我刊出的一些作品常常帶有試驗性質，或陳寅恪所謂「述論稿」，不敢勞煩師長寫序背書，都是「知我罪我俟諸後學」。不過，儘管存在上述現代學術的兩個特點，余先生也和陳寅恪一樣，並不拒絕給人寫序，保留了中國傳統學術溫情的一面。

很多學者都提到余先生雖然大部分學術生涯在美國，但主要論著卻以中文發表，故而在兩岸三地均有巨大影響。周質平老師特別提到余先生的中文論著提升了中文在國際學界的地位。中文讀者確實極為廣泛，在東亞和東南亞都有龐大的讀者群體。不過，余先生在二十世紀七〇年代轉而以中文發表的時候，情形與現在完全不同。那時候整個中國大陸處於萬馬齊喑的局面，如火如荼的革命運動導致嚴肅的學術活動基本上中止，學術刊物都停止了發行，儘管當時政府組織了不太受意識形態干擾的二十四史標點工作，但值得閱讀的學術論著幾乎沒有機會出版，即便是出版的著作也開篇上來都是令人啼笑皆非的領袖語錄。所以國際上接觸的中文學術作品，當然主要來自港臺。余先生能以中文發表其學術成果，誠然是對中文學界的巨大貢獻。然而今天則完全不同，經過改革開放四十多年的積累，中國大陸地區無論從業人員還是出版機構，規模都遠遠超過港臺，中文學術論著出版既多且廣。余先生的作品雖然首刊經常出現於臺灣，然而很快就會在大陸出簡體字本，而至少在二〇一四年以前，中國大陸出版的余先生作品恐怕比港臺更多，原因不僅在於余先生在中國大陸有很多仰慕者願意組織出版，也是因為中國大陸的出版單位看到了余先生在大陸有巨大的讀者群體。

在我的同輩人中，很少人像我一樣一直堅持雙語發表。這種堅持不能不說在一定程度上受到余先生的啟發和影響。不過，過去二十多年來，我所面臨的局面很不一樣。北美學術界乃至中國學界發生了巨大變化，如今與余先生青壯年時代的國際學術生態是完全不同的。我也從一個無限憧憬歐美文化的懵懂少年，蛻變為現當代歐美文化的反思者和批判者。儘管一直面臨求職和升等壓力，但我本就不喜附和主流走尋常路，從不認為應該完全遵循北美的學術規則以英文發表，所以長期以來亦不輕易放棄中文發表。回顧自己一九九六年開始發表學術作品，大概可以分為三個階段：自一九九六年到二〇〇六年，完全以中文發表，二〇〇六年起開始發表英文，則進入以中文發表為主而輔以英文發表的階段，差不多自二〇一七年起則以英文發表為主。迄今為止發表的一百餘篇文章中，中、英文幾乎各佔一半，英文論述發表在十五個國家。除開少數約稿，大多數文章都是我親自寫、親自投，通過同行評審發表，能體會世界各國學術文化的不同風格，也算值得珍視的經驗。我感到在今天這個世界，自己早已不再是一個典型的「美國學者」，儘管日本學界朋友說我是「美國學者」，而美國學者卻說我是「中國學者」，中國人又說我是「美國學者」，我覺得自己更接近「世界主義學者（cosmopolitan scholar）」。無論如何，跨越國界的「發表自由」是十分重要的，毫無必要「把論文寫在祖國大地上」。我也在過去數年來刻意走出所謂「中國學界」，盡可能抓住機會在漢學以外的英文期刊發表論文，在亞洲研究、歷史研究、宗教研究以及一般性人文學界都參與廣泛的學術對話，讀者對象也不再限於專業領域的同行。

我之所以一直堅持寫中文，不能不提到剛到普大不久的一次往事。在我入學不久，即有一次和美國同學一起去裴德生教授的辦公室和裴公談話。裴公對在場的美國同學說，陳先生已經是學者，他是有文章發表的。裴公本意可能是指我入校算「帶藝投師」。裴公在美國學者中是很少非常留意中文學術的人，余先生尚在耶魯任教時於一九七二年刊出〈方以智晚節考〉，裴公很快即在《哈佛亞洲學報》發表英文書評，[8]做了細緻的評點。當然從師承來說，他也是哈佛畢業，是余先生的學弟，後來在一九八七年聘余先生為校級教授的過程中起了很大推動作用。他對我也一向非常照應。是的，在我進入普大以前，我已經發表過學術習作，用音韻學考證敦煌寫本的真偽。[9]不過離開裴公辦公室之後，同行的美

8 Harvard Journal of Asiatic Studies 34（1974）:P.292-298.

9 陳懷宇，〈所謂唐代景教文獻兩種辨偽補說〉，榮新江主編，《唐研究》卷三（一九九七），頁四一—五二。

國同學開玩笑說，發表過文章也沒有什麼了不起，「你們中國嘛，什麼都可以發表」。我倒從不覺得這涉及種族歧視問題，他不過是心裡比較酸罷了。不過我當時直接反駁他說，美國不也什麼都可以出版，爛東西多了去了。中文當然對我們來說發表不難，但這不是說中國就沒有好的學術作品，你不懂，那是因為你看得太少，沒有判斷力。後來這位同學其實還算老實，總是拿一些中文書來問我是否值得一讀。其實英文論文和著作一樣大量是極為平庸的作品，如果綜合各個學科而言，也不比中文強多少。只不過雖然平庸，卻沒有像中文學界那麼多抄襲和低水平重複罷了，因為英文學界還是有基本的學術規範和同行評價過程。中文出版界沒有發展出歐美學界那種學術出版社和商業出版社之間明確的分野，雖然英美更重視大學出版社，但最主要的區別是商業出版不像學術出版一樣，有相對成熟和嚴格的同行評審過程。而中國大陸的中文出版界則無論是否學術論著，極少會有評審，這大大傷害了中國大陸學術出版的可靠性和可信度，也無法讓一般讀者分辨學術與民科。

現在中國大陸在崛起過程中也開始注重國際化，爭奪話語權，開始追求國際發表、國際參與、國際主導，這其中一個重要的動作便是國家社科基金資助的外譯項目，這些項目提供大量資金組織出版社和學者，將他們所認為重要的中文論著翻譯成外語出版。坦率地說，除了極少數作品之外，絕大部分入選的論著都是給中國大陸和中文學界帶來恥辱的作品，這些作品並沒有充分吸收國外的二手文獻研究成果，反而生動地顯示出原作者不懂外語，閉門造車。這些低水平的作品，在學界反而起了混水摸魚的作用，真不知道海外同行將以怎樣的心情鄙視這些東西。這些被介紹到外語學界的作品，有些是出於政治上的意識形態宣傳，有些是出版社認為有利可圖，也有些是學生為了吹捧老師，總之動機各異，到底能為中文學術「走出去」製造何種意義，仍然是未知數。這也說明以國家政權意志為後盾而用金錢包裝出來的學術工程，說不定就是一個笑話。在過去四十年間，雖然中國大陸學界急起直追，相當多學者確實兢兢業業、苦心孤詣取得了驚人成績，但是也頗多各色各樣的文痞，紅黃黑白，八仙過海，各顯神通。既有走紅道托庇於當局的御用文人，所謂又紅又專的專家；也有改革開放以來市場經濟興起後與市場結盟的學者，是謂走黃道。當然，學界更多的是走偷雞摸狗、抄襲拼湊的黑道分子，泥沙俱下，烏煙瘴氣。但最應該警惕的其實是故作姿態走公知路線的投機分子，現在打著自由民主旗號撈取名利的白道分子亦不乏其人。聽說還有青年學者跑去余先生府上，謊稱自己是備受打壓的自由主義知識分子，請余先生支持，實際到處投機取巧，沽名釣譽。這樣的人當然北美學界也不少，在進步主義高漲的年代，打著弘揚所謂社會正義的幌子在學界拉幫結派，實則不學無術、到處鑽營、兩面三刀。對此類人還是要聽其言、觀其行，不可因為立場類似即被其蠱惑。歸根結底，要有經得起檢驗的真才實學和正直人品。在這種情況下，我感到在華人學者更負有責任堅持雙語寫作的正道，維護中文學術尊嚴，否則中文學術將面臨更大挑戰。

中文學術畢竟有漫長的傳統，既有胡適、陳寅恪、錢穆引領二十世紀學術，亦有後半葉余先生開創海外新局面。正如和余先生同樣獲得克魯格人文獎的歷史學家小帕利坎（Jaroslav Jan Pelikan Jr., 1923-2006）在獲獎後的發言中引用歌德的話說，「從你先輩遺傳得來的，你須盡力轉化為自己的，才能真正擁有（Was du ererbt von deinen Vaetern hast, Erwirb es um es zu besitzen）。」對於中文學術，我想這句話同樣適用。帕利坎作為中世紀思想史學者，一九六二年至一九九六年間任教耶魯，余先生一九七七年至一九八七年間任教耶魯，兩人曾在歷史系同事。我想他們也曾有所交流吧。更值得注意的是，帕利坎雖然出生在美國，父母來自斯洛伐克和塞爾維亞。小帕利坎長期成長在路德派傳統，但晚年皈依了東正教，似可看作是東歐文化遺民。我之所以這麼說，是因為余先生所謂文化上的中國情懷，讓我常常想起另一位十月革命後流亡美國，後來在一九二五年至一九四四年間任教耶魯的俄國學者羅斯托夫采夫（Mikhail Ivanovich Rostovtzeff, 1870-1952）。後者即在當時美國出版的英文刊物中，經常表彰俄國文化和俄國學術的輝煌成就，對聖彼得堡帝俄科學院推崇備至。曾和我提起過這位俄國學者的張廣達先生也說要「盡力表彰中華文明」。要理解和認識這些學者，不能不提到這種文化遺民的世界傳統。

相比於完全成長在歐美自身思想文化傳統中的學者而言，似乎中東歐文化遺民的思想資源更值得我們這樣同樣有移民背景的國際學者重視。稍讀卡爾・波普爾（Karl R.

Popper）的思想自傳《無盡的探索》，深深為二十世紀上半葉那個群星璀璨的時代吸引。那時候不僅有真正的偉大科學家，而且產生了很多具有普遍價值的偉大思想家，這是我們這個時代無法想像的。余先生似對於他同時代中東歐文化遺民的著作頗為留心，他的論著中當然不乏引用波普爾和以賽亞·伯林（Isaiah Berlin）的論述。他在給《毛澤東執政春秋》一書所寫序言中，特別引用了另一位和他一起曾在哈佛任教的學者派普斯（Richard Pipes, 1923-2018）的《布爾什維克政權下的俄國》（*Russia under the Bolshevik Regime*, 1993），點明史學家的倫理責任，面對歷史上的災難不必保持沈默。派普斯即是出身於波蘭的猶太人家庭，四〇年代逃到美國，一九五八年至一九九六年任教於哈佛。而余先生一九六六年至一九七三年以及一九七五至一九七七年任教哈佛，和派普斯曾在哈佛長時間共事。余先生在提示派普斯的名著時還特別轉引了書中所引波普爾的名言：「每一個人只有為自己可選擇的志業而犧牲的權利，但任何人都沒有權利去鼓勵別人為一個理想而犧牲（Everyone has the right to sacrifice himself for a cause he deems deserving. No one has the right to sacrifice others or to incite others to sacrifice themselves for an ideal）。」（見該書五一二頁）這是批判極左思潮煽動民眾造反的名言。我當初讀到時也是激動不已。然而後來覆檢原書，派普斯並未引用波普爾的作品，而是轉引自《法蘭克福匯報》。[10]這句話隨著派普斯的大作流傳也被接受了。但派普斯並非唯一誤引這一「波普爾名言」的學者，在其他人的論述中也有誤引。[11]而實際上波普爾似乎並沒有這樣的想法，麥基（Bryan Magee）在回憶他與波普爾爭論福克蘭島戰爭時說，「波普爾，總是想要為一原則犧牲自己，也想讓他人犧牲，他不會同意我（Popper, always willing to sacrifice himself to a principle, was willing to sacrifice others too, and would not agree with me）」。[12]

那麼這句話可能出自誰之口呢？我感覺這句名言其實很可能來自波普爾的伯父約瑟夫・波普爾—林克斯（Josef Popper-Lynkeus, 1838-1921），也是維也納的重要學者和工程師。他對社會系統的設計思路主要體現在一八七八年出版的《生存權利與死亡責任》（*The Right to Live and the Duty to Die*）以及一九一二年出版的《普遍內政服務作為社會問題的一種解決》（*The Universal Civil Service as a Solution of a Social Problem*）兩書之中。他被沃爾夫（Ephraim Wolf）稱為是偉大的人文主義者和思想家。在《個體與人類存在的評估》（*Das Individuum und die Bewertung menschlisher Existenzen*, *Dresden: Carl Reissner*, 1910）一書中，他強調每個人類個體存在的權利，因為所有生命都是神聖的。無人有權違背他人意志而犧牲他人的生命。沒有任何理想可以高尚到足以正當化這樣的犧牲。每個人均可自由為其自己的理想而死，但在任何情況下若以一個人自己的理想而殺人則是謀殺。

儘管派普斯誤植出處，但我相信無論是派普斯還是余先生看到這些話也都會贊成的。

我之所以揭出此一節乃在於原文更富旨趣，而其中所反映的價值更值得我們思考和審視，特別是極左思潮橫行海內外的當下。每個人都應該珍視自己存在的價值，為自己的尊嚴而戰，而不是隨波逐流，人云亦云，或捲入時代大潮，最後被當作卒子而拋棄。沒有每個個體的真正自由和每個個體的尊嚴，任何群體、種族、民族、國家、性別的所謂解放都是沒有實質意義的，而且這種個體的自由不可能由其他人賦予，他人既能賦予這種所謂自由，亦能隨時剝奪這種自由。社會革命和政治運動從未能帶來每個個體真正的尊嚴和自由，每個個體的自由和尊嚴必須是個體通過自身日常的自律、自立、自尊掙來（earn）。正如愛因斯坦悼念居里夫人時所說：「第一流人物對於時代和歷史進程的意義，在其道德品質方面，也許比單純的才智成就方面還要大」。類似的，余先生的學問在各個領域均可以被後人發揚光大，而他的去世給當代思想生活所留下的巨大空白，在今後漫長的歲月中

10 *Frankfurter Allgemeine Zeitung*, No. 291, December 24, 1976, Section VI, 1.

11 The American Scholar, 63（1994）: 238.

12 Anthony O'Hear and Peter Clark eds., *Karl Popper: Philosophy and Problems*（New York: Cambridge University Press,1995）, P.272.

都無人可替代。基於此，接過余先生所傳自由之慧炬，讓光焰不滅永耀宇內，無疑是對他較為恰當的紀念。

（原載《漢學研究通訊》第四十卷第四期，二〇二一年十一月）

拔劍四顧心茫然
——敬悼余英時先生

周保松

香港中文大學政治與行政學系副教授，政治大學政治學系客座副教授。

今天中午醒來，知道余英時先生逝世的消息。

原來那已是八月一日凌晨的事。據悉，余先生當晚還和香港中文大學兩位前輩陳方正先生和金耀基先生通過電話，然後在睡夢中安詳逝去，享壽九十一歲。余太太和女兒低調，先將余先生安葬於普林斯頓大學他父母的墓旁，然後才知會親友和學界。消息甫出，華人知識界同聲哀悼。

我上星期才收到余先生來信，這兩天還正在想著要回信。此刻捧著他的信，看著他熟悉的字跡，感覺特別不真實。余先生是我尊敬、信賴、精神上甚為依靠的人，現在他走了，我覺著無以言之的虛空。此刻，我稍稍能體會，余先生當年驚悉他的老師錢穆先生過世，寫下〈猶記風吹水上鱗〉的心情。

我不是余先生的學生，一生中也就只見過一次面，雖然間或有通信，照理不會有那麼強的失落。可是這份感受卻如此實在。我想那很可能是因為，長期以來，余先生一直是我們這些後輩精神安頓的重要力量。我們堅信，不管世道人心怎麼變，只要余先生還在，某些做人和做學問的基本道理就不會動搖，知識界就仍然有一股正道的力量。這不是誇張之辭。回看過去這幾十年，太多中國讀書人在權力面前低頭屈膝，放棄曾經堅持的信念。余先生的吾道一以貫之以及身體力行，確是華人知識界的中流砥柱。而我和余先生感覺特別親近，更是因為我們都是從大陸移民來港，都在九龍深水埗住過一段日子，以及都是新亞畢業生。從我的讀書時代開始，師長輩已常常提及余先生的文章和為人，是故余先生雖遠在北美，卻彷如活在身邊那樣親切。

今年六月，我在《二十一世紀》發表一篇題為〈羅爾斯與中國自由主義〉的文章，紀念當代著名政治哲學家羅爾斯（John Rawls）誕生百年和《正義論》發表五十年，我特別將該文獻給余英時先生。[1]按學界慣例，很少人會將一篇文章獻給一位前輩。我這樣做，有幾重特別考慮。

第一重，是這篇文章對我有特別意義，而余先生在那個意義裡面。一九九五年五月，余先生回香港中文大學參加錢穆先生百年誕辰紀念會議，我代表新亞書院幫忙接待。還記得當天清晨，我陪余先生從新亞會友樓沿著新亞路，步行往校園中部的祖堯堂，他親切地問起我讀什麼學系，我說哲學系，師從石元康先生，對羅爾斯的正義理論特別感興趣。余先生馬上告訴我，羅爾斯剛出版了新著《政治自由主義》（*Political Liberalism*），和早期理論有很大不同，引發學界許多討論，叮囑我一定要找來好好讀讀。[2]

那天陽光很好，我們在路上聊得愉快。我該年畢業後，九月負笈英倫約克大學修讀政

---

1 周保松，〈羅爾斯與中國自由主義〉，《二十一世紀》第一八五期，二〇二一年六月號，頁四—二十。

2 John Rawls, *Political Liberalism* (New York: Columbia University Press, 1993).

治哲學碩士，第一件事就是去書店購買此書，並以政治自由主義作為研究題目。再後來，我更決心以政治哲學為志業，矢志在中國推廣自由主義。可以說，余先生當年一席話，隱隱然影響了我後來的路。

第二重考慮，是余先生是當代華人思想界具代表性的自由主義者。余先生走後，在思想界引起極大迴響，我相信除了他的史學成就，更重要的是他數十年如一日反極權反專制，爭自由爭民主的立場贏得大家的認同和敬重。余先生自青年時期在香港接觸西方思潮始，便已確立他的自由主義立場。余先生雖說過他對政治只有「遙遠的興趣」，但他以獨立知識人的身分針砭時弊，並在不同時期為兩岸三地的自由民主運動大聲疾呼，所帶來的社會影響和道德感召，卻是無可估量，值得我們銘記和感激。

最後，余先生已經九十一歲，我曾計畫在二〇二〇年暑假去普林斯頓大學探望他，可惜一場世紀疫症打斷了行程。我心裡明白，我不能一直等到我滿意的書出版才獻給他，而必須早點讓他知曉我的心意。現在回想，我很慶幸能在余先生走前，趕得及向他獻上這份致敬。

二〇二一年六月二十四日，由於政治壓力，香港最老牌的民主派報紙《蘋果日報》被迫關門。我感到異常悲憤，忍不住給余先生寫了一封三頁的信，並連同我的文章和最後一期的《蘋果》寄他。我在信中特別告訴余先生：「謝謝你從上世紀五十年代開始，便在香港出版自由主義的著作，並以一生之力去推動自由主義在中國的發展。你的著作和立場，對我影響甚深。」

七月十三日，我收到余先生的傳真回信。余先生不用電腦，平時只用傳真機和電話與人聯繫。或許余先生特別重視此信，擔心我沒收到傳真，在七月十六日又親自將信用空郵寄我。我剛才將信反覆讀了又讀，眼淚不禁掉下來。我之前並沒想過要公開此信，現在卻覺得，余先生的話也許不是只想和我說，而是寫給所有關心香港的朋友。以下是來信全文：

保松先生：

收到賜寄報紙最後一日絕版以及先生大作等，不但感謝而且感動。香港情況向民主自由相反的方面進展，我早在NY時報、電視等媒體上注意到。在短時間內，大概不易改變。但我始終相信：人類文明正途不可能被少數自私自利的人長期控制。香港自開始（一八四三）便享有自由，不在專制王朝手中。以香港人的覺悟程度而言，也決不甘心作奴隸或順民。但人的主觀奮鬥是極重要的，決不能放棄。

我完全同意先生信中一段話：「但願我（們）有足夠的勇氣和智慧，繼續作一點事。」即以此語互相勉勵吧。

余英時　手上
二〇二一年七月十三日

余先生曾經引用過「鸚鵡救火」的故事來闡述他的中國情懷：「昔有鸚鵡飛集陀山，乃山中大火，鸚鵡遙見，入水濡羽，飛而灑之，天神言：『爾雖有志意，何足云也？』對曰：『常僑居是山，不忍見耳！』天神嘉感，即為滅火。」[3]余先生藉這個故事，表白他一生對中國的關心，也是抱著這樣一種「知其不可為而為之」和「明其道不計其功」的精神，背後是他對故國的「不忍」。

這篇文章發表於一九八五年，其後被廣泛引用，甚至有三本余先生的文集用「中國情懷」作書名。[4]不過，許多讀者或許沒留意到，這篇文章還有這樣一段話：「不但對中國如此，對香港我也一樣有『僑居是山，不忍見耳』的情感。最近為文涉及香港的文化問題，責之深也正由於愛之切。我先後在香港僑居了六七年，何忍見其一旦燬於大火。」[5]

讀了這段話，我們當能明白，余先生對香港有那麼深的關切，並持續為香港的命運吶喊，因為他也有他的香港情懷。我印象特別深的，是他在二〇一三年發表的〈公民抗命與香港前途〉。余先生在該文結語說：「我在百忙中寫此短文，是為了讓香港讀者知道，公民抗命不但有偉大的過去、光輝的現在，而且更有無限的未來。參與公民抗命，是現代人的光榮而神聖的責任。」[6] 余先生對港人爭取民主的同情和支持，在華人知識界可說絕無僅有。

其後香港數年發生的民主運動及遭受的強硬打壓，震驚世界，也徹底改變了香港的命運。余先生很清楚香港現正處於最為艱難的時候，可是他為什麼在給我的信中，仍然勉勵港人要有奮鬥的心，切切不可輕易放棄？我認為，那是因為余先生相信，歷史沒有所謂必然的發展規律，而是由人去創造。如果活在當下的我們不放棄，世界就有改變的可能。他在晚年另一篇訪談中明言：「從歷史上看，古今中外沒有出現一個全恃暴力而能傳之久遠

3　據余先生，這個故事出於（清）周亮工《因樹屋書影》卷二。

4　余英時，《情懷中國：余英時自選集》，劉紹銘編（香港：天地圖書，二〇一〇）；《文化評論與中國情懷》（臺北：允晨，二〇一一）；《中國情懷：余英時散文集》，彭國翔編（北京：北京大學出版社，二〇一二）。

5　余英時，〈「常僑居是山，不忍見耳」——談我的「中國情懷」〉，《明報月刊》第二三四期，一九八五年六月號，頁五。

6　此文最初發表於《蘋果日報》，二〇一三年七月一日，其後收在顏擇雅編，《余英時評政治現實》（臺北：印刻文學，二〇二二），頁二三八。從這本書收錄文章可見，余先生從一九八二年起便已關心香港前途問題，而去到二〇二〇年《香港國安法》通過後，余先生還應香港某媒體之邀，寫了一篇〈展望香港的前景：答某媒體八問〉，不過此文最後無法在香港公開出版。同上書，頁四三一—五三。

的政權。」[7]余先生的樂觀，有他的史學和價值做基礎。

余英時先生是新亞書院第一屆學生，一九五二年畢業。他的畢業證書，現在放在新亞錢穆圖書館。余先生最重要的思想形成期，受益於上世紀五十年代香港自由開放的環境。他的香港歲月，讓他體會和明白自由的可貴。[8]我相信，正是他的香港情懷，讓他對香港人今日的處境，有著難以割捨的不忍之心和切膚之痛。

我在中大教書，每逢天氣好的時候，就會帶學生到新亞書院圓形廣場上課。廣場特別之處，是牆上刻有過去七十年新亞書院每位畢業生的名字。綿延不絕的名單，代表著新亞精神的承傳。余先生的名字，在名錄上排第一位。由於新亞是中文大學最早的書院，余先生因此也可說是中大第一位畢業生。「艱險我奮進，困乏我多情」，是錢穆先生藉〈新亞校歌〉對新亞人的勉勵。余先生一生經歷各種艱險困乏，卻從來沒有停止過奮進，也從來沒有失去他的情懷。

行路難，行路難。在這樣傷感困頓的日子，想起李白的詩，我總有著揮之不去的「拔劍四顧心茫然」的惆悵。余先生一生以筆為劍，縱橫於歷史世界和現實中國，不知他可曾有過我一樣的茫然？或許，他會用他那獨有的爽朗笑聲告訴我們，不要灰心，只要有長遠一點的歷史眼光，我們就一定會有「長風破浪會有時」的一天。是的，我們要有這樣的信心。

余先生，謝謝您。

二〇二一年八月五日初稿；二〇二二年七月十八日大幅修訂。

香港中文大學忘食齋

（原載「聯經思想空間」：網址 https://www.linking.vision/?p=2606）

7 余英時，〈沒有政權能恃暴力而傳之久遠〉，羅四鴒訪談，同上書，頁二一八。

8 對於五十年代初的香港，余先生有這樣的描述：「從歷史的角度看，這一時期的香港為中國自由派知識人提供了一次前所未有的機會，使他們可以無所顧忌地追尋自己的精神價值。更值得指出的是：當時流亡在港的自由派知識人數以萬計，雖然背景互異，但在堅持中國必須走向民主、自由的道路，則是一致的。」《余英時回憶錄》（臺北：允晨，二〇一八），頁一二四。

史學星沉
——憶記余英時先生在香港往事

柴宇瀚

歷史學者。現為香港史學會理事、民國史學會研究員議團團長。

二〇一八年，余英時先生在《明報月刊》發表〈代表海外中國思潮的刊物〉、〈友聯諸君多來自新亞同門〉、〈《祖國周刊》與《海瀾》〉等文章，寫下在香港與自由出版社、友聯出版社等回憶，於是筆者兩度投稿回應，並獲《明報月刊》告知，余先生閱讀筆者的文章後，十分高興，並感謝筆者的補充，自此結緣。時光荏苒，轉眼三年，至二〇二一年八月一日，余英時先生在美國普林斯頓逝世，筆者遽聞噩耗，潸然淚下。身為後學，一直無以回報，深感歉疚，只好再投稿《明報月刊》，憶記余英時在香港往事，感謝余英時溢美之情。

自由出版社・「小錢穆」

遙想上世紀五十年代初，余英時在新亞書院就讀時，居於大磡村，埋首苦讀。從一九五一年起，余英時開始投稿至左舜生與謝澄平創辦的《自由陣線》，自此筆耕不輟，次年寫成〈胡適思想的新意義〉，親筆寫上艾群的筆名發表，彌足珍貴。查考文章內容，余英時沿著胡適思想追本溯源，引證胡適思想在中國的具體表現，這是研究一位學者思想不可或缺的方法，也是余英時研究方法日漸成熟的重要佐證。後來，余英時以胡適作為一大研究方向，在一九八四年發表《中國近代思想史上的胡適》，二十年後增訂為《重尋胡適歷程：胡適生平與思想再認識》，兩本著作與一九五二年的研究一脈相承，研究時間超過五十年。余英時這篇文章非常重要，反映余英時早在一九五二年，已經在研究胡適思想方面，打下堅實的基礎。

余英時在〈胡適思想的新意義〉一文中，最後更指出「我們應有『歷史的研究法』的眼光，不可輕信別人」，這是歷史研究必備的「懷疑精神」，也是胡適所指「做學問要在不疑處有疑」，這種研究方法有助學者尋根究底，的確有莫大啟發。值得注意的是，當時的余英時只有二十二歲，已能寫出非一般的文章，除了充分展現對胡適思想的了解外，還以「從事民主自由運動的人」自居，印證余英時對民主自由的立場堅定不移，甚至不拘門派，研究一些與新亞理念不同的學者，表揚胡適對學術上的貢獻，實在難能可貴。

回想一九五〇年七月，謝澄平將《自由陣線》擴充成自由出版社。原是自由出版社總務主任的張葆恩，後來升遷至總編輯，細讀余英時的文章後，甚為賞識，於是相約余英時見面，並邀請余英時擔任編輯，編輯青年專欄。余英時在專欄筆耕經年，多以艾群的筆名發表文章，話題饒有趣味，深受歡迎。值得一提的是，早在一九五〇年初期，不少認識余英時的人，知道余英時在新亞書院求學，又在《自由陣線》投稿，因而對余英時有「小錢穆」的美稱，時人都津津樂道。這個稱呼隨著余英時前往哈佛留學，才逐漸減少。然而，余英時的才華，是經過多晚徹夜未眠，也是經過多年苦讀而成，並非一朝一夕的成果，我們宜應注意。

友聯出版社與《中國學生周報》

余英時在自由出版社累積工作經驗後，在錢穆老師引薦下，轉往友聯出版社工作。筆者查考當時的時間，約是一九五二年，余英時在同年畢業，成為新亞書院第一屆畢業生，是新亞書院的大師兄，加上自由出版社的工作經驗，於是錢穆向友聯創辦人之一的邱然推薦，使新亞書院漸漸形成一個傳統，就是錢穆和唐君毅都會積極協助畢業生求職，而友聯一直都是兩位不二之選。因為友聯是一個既標榜中華文化，又提倡民主自由的出版社，與兩位想法不謀而合，加上友聯不同的負責人都熱愛中華文化，且對兩位的推薦信任有加，親自了解同學的興趣及優點後，立刻安排工作。一直到六十年代，錢穆和唐君毅仍然堅持不懈，為畢業生寫推薦信外，並親自致電友聯，希望推薦的同學被錄用。十多年來，很多新亞同學能夠到友聯工作，這個傳統就是由余英時開始的。

余英時到友聯出版社工作後，與一同住在大磡村的許冠三、余德寬、陳濯生等，常常聚首商議發行事宜，三人都是友聯出版社的創辦人，猶如把大磡村發展成友聯根據地，加上陳濯生早已協助丁文淵籌辦《前途》，後來又在《自由陣線》擔任編輯，經驗豐富，許冠三也經常在《自由陣線》中撰稿，與曾在《自由陣線》編輯的余英時，在友聯的籌組工作中，一拍即合，對日後出版《中國學生周報》有莫大幫助。同時，余德寬與許冠三經常相約友聯另一創辦人徐東濱，在尖沙咀討論出版事宜，最後決定以余德寬及余英時負責社務，徐東濱負責對外聯絡，爭取各界支持。他們各擅勝場，又不會干預對方工作，這一點絕對值得我們效法。

筆者曾經訪問在友聯工作的宋敘五教授，宋教授指出：《中國學生周報》臨近出版之際，需要找一個擅長書法的人，為《中國學生周報》題字，作為「報頭」。余德寬及余英時找到同屬友聯成員的胥景周題字。宋教授提醒筆者一點，就是胥景周不是什麼著名的書法家，而是一位中醫，但是字體秀麗端正，不少人對此都讚歎不已。胥景周題字一直沿用二十二年，直到《中國學生周報》停刊為止，足以證明余英時等人找到的是合適人選。當余英時等人一切準備就緒後，《中國學生周報》就蓄勢待發，在一九五二年七月二十五日發行，由余德寬擔任督印人，余英時擔任總編輯，逢星期五出版。

《中國學生周報》創刊時，憑藉余德寬、陳濯生、許冠三及徐東濱的構思，加上余英時聯絡新亞師弟奚會暲、唐端正、列航飛等合力編成，還邀請新亞同學黃祖植撰稿。黃祖植以早夕為筆名，撰寫〈海之夜〉的短文，使《中國學生周報》創刊號別樹一幟，充滿新亞書院的氣息。可見《中國學生周報》創刊號，見證余英時與一眾新亞師弟踏上出版之路外，還見證友聯與新亞合作而成的報刊。雖然《中國學生周報》創刊號只賣出五六百份，但是兩年內已增至超過一萬八千份，銷量倍增，反映《中國學生周報》創刊，余英時等人實在功不可沒。

然而，余英時在《中國學生周報》創刊的路途上，遇到不少難題。除了上文談及的籌備工作外，還因稿源不足，需要耗盡心力，在創刊號上寫了多於一篇的文章，其中一篇是創刊詞〈負起時代責任〉，指出「人類文明正面臨著空前的危機，中國文化已遭受到徹底的破壞」，這是人們在冷戰的大時代中，一種應有「危機意識」，也是知識分子獨有「先天下之憂而憂」的精神，為人民、為文化、為國家的未來而擔憂。所以余英時藉此加以勉勵讀者：「我們必須再接再厲，對時代負起責任。」回顧余英時將近七十年前寫成的文章，除了可以認識余英時的抱負外，還可以勉勵時下青年，不要懷憂喪志，而要實踐理想。

余英時又以另一筆名——石英（將石英翻過來讀，就和英時的國語同音），發表題為〈肯定自己的獨立思想〉的文章，強調「時代畢竟是永無休止地變動著的」，所以要培養及鍛練自己的思想，並強調「沒有思想的生活是文明人類的最大恥辱。」反映余英時在創刊號的兩篇文章，一脈相承，就是鼓勵讀者在變幻莫測的大時代中，背負起時代重責，並要在文明社會中，懂得獨立思考。由此可見，余英時在創刊號寫下兩篇主要的文章，責任重大，還要將籌備、撰稿、校稿、印刷等工作，全部一力承擔，見證余英時實踐「千斤擔子兩肩挑」的新亞精神。

離開友聯的原因

坊間較少探討一點：為什麼余英時只在友聯工作三個多月，就離開了呢？雖然余英時曾在《明報月刊》指出自己的興趣是學術研究，而且不擅於處理複雜人事和編務，筆者或可在這裡加以補充。據筆者研究所得，與余英時一起工作的余德寬，處事作風嚴謹，對公事不會處處忍讓，所以余英時所指的複雜人事，應是從余德寬而來。加上所說，余英時在《中國學生周報》花費不少時間與心血，每個星期又要撰寫不少文章，引致余英時離開友聯，回到自由出版社兼職。一九五三年九月，余英時辭任《自由陣線》的職務，投身學術研究之路。

然而，筆者需要強調一點，以免日後有人加以揣測，就是余英時與余德寬、與友聯並沒有因為公事而形同陌路，反而余英時日後與友聯加強合作。筆者再加以引證：余英時離開友聯後，仍然在友聯不同報刊投稿，例如：《祖國周刊》、《中華月報》等，所以友聯一眾領導人物，例如：胡欣平（筆名司馬長風）、徐東濱、陳建人等，都對余英時讚不絕口，一直與余英時保持聯絡，此乃後話。

結論

總括而言，筆者憶記余英時從新亞書院求學，在自由出版社和友聯出版社工作，印證余英時踏上出版之路，藉此感謝余英時溢美。余英時的學術思想扎根香港，打下史學深厚的根基，日後在海外發芽，茁壯成長，視學術研究為工作的一部分，所以不停寫作，嚴謹態度「七十年如一日」，未嘗言棄，因而被視為史學界的泰斗，絕非虛美之辭！今日史學星沉，身為後學的我們，理應加倍努力，繼承余英時筆耕不輟的風範。

（原載《明報月刊》第五十六卷第九期，二〇二一年九月）

心有思慕：余英時教授紀念集

2022年11月初版　　定價：新臺幣500元

著者	唐端正等
主編	林載爵
叢書編輯	黃雅翎
校對	呂玠蓁
內文排版	菩薩蠻
封面設計	兒日

出版者	聯經出版事業股份有限公司
地址	新北市汐止區大同路一段369號1樓
叢書編輯電話	(02)86925588轉5348
台北聯經書房	台北市新生南路三段94號
電話	(02)23620308
台中辦事處	(04)22312023
台中電子信箱	e-mail：linking2@ms42.hinet.net
印刷者	世和印製企業有限公司
總經銷	聯合發行股份有限公司
發行所	新北市新店區寶橋路235巷6弄6號2樓
電話	(02)29178022

副總編輯	陳逸華
總編輯	涂豐恩
總經理	陳芝宇
社長	羅國俊
發行人	林載爵

行政院新聞局出版事業登記證局版臺業字第0130號

本書如有缺頁，破損，倒裝請寄回台北聯經書房更換。　ISBN 978-957-08-6582-0 (軟精裝)
聯經網址：www.linkingbooks.com.tw
電子信箱：linking@udngroup.com

國家圖書館出版品預行編目資料

心有思慕：余英時教授紀念集/唐端正等著．初版．
新北市．聯經．2022年11月．348面．14.8×21公分
ISBN　978-957-08-6582-0（軟精裝）

1.CST：余英時　2.CST：臺灣傳記

783.3886　　　　　　　　　　　　111015718